EDUCAÇÃO & SUPERVISÃO

Dados Internacionais de Catalogação na Publicação (CIP)
(Câmara Brasileira do Livro, SP, Brasil)

Educação & supervisão : o trabalho coletivo na escola / Nilda Alves (coord.). — 13. ed. — São Paulo : Cortez, 2011.

Bibliografia.
ISBN 978-85-249-1856-8

1. Escolas — Brasil 2. Planejamento educacional 3. Planejamento educacional — Brasil 4. Supervisão escolar 5. Supervisão escolar — Brasil 6. Supervisores educacionais I. Encontro Nacional de Supervisores de Educação. II. Alves, Nilda.

11-14364 CDD-371.200981

Índices para catálogo sistemático:

1. Brasil : Supervisão educacional 371.200981

Nilda Alves (Coord.)

Guiomar N. de Mello • Teresa Roserley Neubauer da Silva
Antonio Carlos Caruso Ronca • Carlos Luiz M. S. Gonçalves
Newton Cesar Balzan • Maria Violeta Villas Boas
Heloísa Cardoso • Celestino Alves da Silva Junior

EDUCAÇÃO & SUPERVISÃO:

o trabalho coletivo na escola

13ª edição

1ª reimpressão

CORTEZ EDITORA

EDUCAÇÃO & SUPERVISÃO: o trabalho coletivo na escola
Nilda Alves (Coord.)

Trabalho publicado com o título: V Encontro Nacional de Supervisores de Educação — 10 a 15 de outubro de 1982

Capa: Ricardo Cesar de Andrade
Preparação dos originais: Solange Martins
Revisão: Maria de Lourdes de Almeida
Composição: Linea Editora Ltda.
Coordenação editorial: Danilo A. Q. Morales

Direitos para esta edição
CORTEZ EDITORA
Rua Monte Alegre, 1074 – Perdizes
05014-001 – São Paulo – SP
Tel.: (11) 3864-0111 Fax: (11) 3864-4290
e-mail: cortez@cortezeditora.com.br
www.cortezeditora.com.br

Impresso no Brasil – maio de 2017

Sumário

Apresentação

Os textos apresentados neste trabalho inicialmente fizeram parte de um volume publicado para a realização, pela Associação dos Supervisores Educacionais do Estado do Rio de Janeiro (ASSEERJ), do V Encontro Nacional de Supervisores de Educação, em outubro de 1982.

Aos organizadores do Encontro preocupava, naquele momento, aquilo que foi refletido no objetivo geral do V ENSE: "caracterizar o papel do supervisor educacional brasileiro, no projeto pedagógico criativo de educadores e educandos".

Partindo da constatação de que a presença de grandes e diversificados contingentes populacionais na escola é um caminho sem volta, assumíamos, então, que a existência de vários técnicos no trabalho diário da escola tem relação direta com a impossibilidade de o professor assumir sozinho as múltiplas tarefas que lhe impõe essa realidade de "grande e diversificados contingentes escolares".

Por outro lado, pressupondo que a relação de professores e alunos é a determinante do bom êxito do processo pedagógico e que o professor tem, nesse processo, o papel de articulador fundamental, pretendíamos discutir o que cabia aos outros elementos dentro da escola — supervisores, orientadores e diretores — para que com sua ação pudessem contribuir para esse êxito.

Por fim, mas na base de tudo, tínhamos certeza que este bom êxito significava encontrar os caminhos coletivos para que os diversos profissionais da educação pudessem atuar no sentido de permitir o acesso e a permanência das camadas populares na escola pelo maior tempo possível, para que pudessem se apropriar — em quantidade e qualidade — do saber que, coletivamente, a humanidade vem produzindo.

Uma última palavra é necessária: relendo estes textos, na ideia de publicá-los em livros, verificamos que todos eles haviam mantido sua atualidade e precisão: o desafio do trabalho coletivo na escola continua a nossa volta!

Nilda Alves
do Conselho Deliberativo da ASSEERJ
Rio de Janeiro, novembro de 1984.

Educação escolar e classes populares:

uma reflexão sobre o atual momento educacional e político do Brasil

Guiomar Namo de Mello

1. A título de introdução, para datar este trabalho

Pensar a educação escolar brasileira hoje é, a meu ver, pensar seu papel no atual momento de transição política do país. Este momento caracteriza-se pela tentativa dos setores mais progressistas de nossa sociedade de consolidar as conquistas democráticas que a sociedade civil já alcançou. Mais que isto, é um momento em que vislumbramos, no futuro, possibilidades de ampliar a força dos movimentos populares para a reivindicação e negociação de melhores condições de vida e de trabalho, o que vai exigir uma distribuição mais equitativa nos benefícios sociais e econômicos do desenvolvimento.

A transição por que passa o modelo político do país, caracterizada por uma abertura política ainda relativa e sempre ameaçada, vai possibilitar ao que tudo indica a realização de eleições diretas para governos estaduais, suspensas há quase duas décadas.

Nesse processo, a população vem se mobilizando em torno dos partidos de oposição e em vários estados do país, especialmente nos mais industrializados e urbanizados, tais partidos poderão estar no poder no próximo ano, pois nesses estados mais desenvolvidos a oposição vem crescendo significativamente.

Esse crescimento, que no início se fez às custas das críticas e denúncias do poder autoritário, hoje necessita cada vez mais ser respaldado em propostas concretas que assegurem e viabilizem o compromisso assumido inúmeras vezes de ampliar a abertura democrática e realizar governos mais identificados com as necessidades populares.

A perspectiva de assumir a máquina do aparelho de Estado, em nível estadual, ao mesmo tempo em que permanece um poder central comprometido com os interesses dominantes nacionais e internacionais, coloca desafios políticos e requer competência de gestão para que o processo democrático do país não regrida.

Se, por um lado sabemos de antemão que o poder estadual terá sérios entraves e limitações, por outro lado sabemos também que o controle da máquina administrativa das regiões mais ricas e populosas do país abre uma frente de atuação de inestimável valor para as forças progressistas. É preciso saber o quê e como fazer nesse espaço para consolidar as conquistas da sociedade civil e avançar na direção de um modelo político e econômico mais sensível às necessidades das camadas majoritárias da população.

É nesse panorama de grande efervescência política, muita discussão ideológica e — por que não — sonhos e esperanças que renascem depois de duas décadas de opressão, que muitos de nós, educadores, estamos sendo chamados a participar do projeto educacional de um poder público mais democrático, com toda a ambiguidade que esse qualificativo acarreta e com diferenças marcantes nesse projeto, determinadas pela conjuntura político-eleitoral de cada Estado.

As críticas que temos feito ao longo de alguns anos às instituições de ensino formal basearam-se principalmente nas categorias teóricas de modelos conceituais elaborados em países de capitalismo avançado, como é o caso da teoria da reprodução e da teoria dos aparelhos ideológicos do Estado.[1]

Tais categorias foram úteis para o desvelamento do caráter ideológico da ação escolar e para a denúncia de seu papel reforçador das desigualdades socioeconômicas em contextos sociais como os da América Latina. Recheadas das contradições de um momento histórico concreto e específico, esses modelos teóricos tornam-se, entretanto, frágeis orientadores da ação prática.

No âmbito de uma democracia relativa e de um poder público que apesar de se colocar contra o autoritarismo obscurantista não tem intenção — e certamente não tem condições — de negar e superar o modo de produção dominante, que espaço existiria para uma ação escolar transformadora, na ótica das teorias reprodutivistas da educação? Provavelmente muito pouco ou nenhum.

Esta escola pública, que mesmo num governo democrático continuará sob a hegemonia burguesa, que valor possui para as crianças e jovens das camadas trabalhadoras? Quase nenhum se enquanto aparelho ideológico do Estado a escola for inexoravelmente fadada à transmissão pura e simples das ideologias da dominação.

Em resumo: a escolarização formal possui algum valor objetivo para os setores populares, num contexto político e econômico como o que vivemos? Esta seria a questão que eu gostaria de discutir com vocês hoje.

Esta questão, por sua vez, insere-se numa polêmica que há alguns anos se faz presente nos meios educacionais. Essa polêmica, em termos resumidos, refere-se ao que seria uma educação autenticamente popular.

Alguns educadores têm insistido que, para ser popular, a educação deve estar a serviço da organização política das classes populares. Na realidade, desse ponto de vista, educação popular seria a dimensão educativa dos movimentos sociais e políticos. Ela se definiria, neste caso, menos por seus destinatários e mais pelo seu conteúdo e objetivos. À educação elementar promovida pelo Estado não se aplicaria portanto o qualificativo popular, apesar de ser destinada às classes populares e de atingir grande contingente de crianças e jovens originários dessas classes.

Minha posição é diferente dessa que acabei de expor. Começo por afirmar que não me parece produtivo discutir o que é ou o que não é autenticamente popular, e muito menos reivindicar *a priori* esse qualificativo para a educação escolar ministrada pelo poder público.

De meu ponto de vista, o critério para qualificar o que é e o que não é popular deve ser sobretudo prático, e portanto histórico. Será pelo resultado concreto das diferentes práticas educativas — tanto as que aconteceram dentro do ensino formal com as que se colocaram fora ou alternativamente a ele — que se poderá decidir até que ponto determinada forma do processo educacional se realizou mais ou menos favoravelmente às necessidades e interesses do povo.

Tentando, desse modo, escapar de uma polêmica que não julgo produtiva, quero remeter as reflexões que vamos fazer hoje, não a uma hipotética escola popular — conceito ademais abstrato pois essa escola não está realizada — e sim à escola existente hoje. Esta escola, onde trabalhamos, e que há algumas décadas vem recebendo entre seus alunos parcelas maiores ano a ano dos filhos das classes populares, especialmente em seus graus e séries iniciais. Uma escola onde a representatividade dessas classes está portanto aumentando, exatamente por ser gratuita e mantida pelo poder público.

2. Premissas teóricas e metodológicas

2.1 O movimento da escola

Para dimensionarmos com mais clareza o valor que o ensino formal pode ter para as classes populares, julgo necessário aliar nossa ação prática a uma revisão teórica. Uma revisão que supere e incorpore os modelos que têm nos permitido entender o que a escola é, mas nos causam certo imobilismo quando queremos prever e propor o que ela pode ser e deve ser. Uma revisão que forneça elementos para evitarmos os desvios que nos levam:

— ou a nada esperar da escola pelo fato de ser ela totalmente determinada pelas relações de produção dominantes;

— ou a esperar dela um tipo de ação revolucionária e transformadora que ela não tem condições de realizar no âmbito das sociedades de classes.

Minhas colocações baseiam-se em investigações que venho realizando há alguns anos, sobre a estrutura e o funcionamento das escolas de 1º grau no Estado de São Paulo, especialmente aquelas localizadas nas periferias urbanas e zonas de baixa renda, cujos alunos são, na quase totalidade, originários das classes trabalhadoras.

Nesses estudos tentei olhar para a escola sem separá-la da totalidade do social, e captar dentro dela as relações de contradição existentes nessa totalidade. Observei quase todos os seus aspectos e obtive depoimentos dos sujeitos envolvidos: pais, professores, alunos, técnicos.

Pude constatar que a escola do pobre, mais que uma instituição inculcadora de ideologia, é o reino da ignorância, do descaso, da descontinuidade, da ausência de controle. É um terreno de ninguém, naquilo que é substancial, e um mundo rigidamente normatizado, naquilo que é dispensável.

Procurei entender como a escola opera a seletividade e a exclusão construindo o fracasso da criança pobre, e constatei que nesse processo entram em jogo dois elementos indissociáveis. Um deles é a incompetência técnica, o não saber ensinar, a falta de domínio do conteúdo do currículo e do manejo da situação de ensino. O outro, organicamente articulado a esta incompetência, é uma representação falsa

— isto é, ideológica das camadas populares e de suas crianças. Esta ideologia serve como álibi poderoso para descomprometer a escola com o fracasso dessas crianças. Ela não é propriamente matéria-prima de inculcação e sim desculpa para não assumir responsabilidades.

Mas o mais importante é que, contraditoriamente, também constatei na escola, em seus profissionais, uma grande vontade de acertar. Um empenho que os leva a enfrentar um cotidiano adverso, e que só lhes permite recorrer à justificativa ideológica porque a assunção da própria incompetência técnica seria repartir com a criança o seu fracasso. E isso é por demais ameaçador, quando não se faz acompanhar de um conhecimento crítico dos determinantes tanto do próprio fracasso quanto da incompetência. A partir dessas constatações procurei elaborar alguns pressupostos teóricos que já possuía sobre o papel da escola para as camadas populares.

Parto da premissa de que essa escola, seletiva e incompetente, pode e deve ser mais democrática, ou seja, é possível trabalhar *dentro dela* para aumentar significativamente as oportunidades de acesso e os anos de permanência das camadas populares no sistema de ensino. E mais: se isto acontecer, reverterá em benefício concreto daquelas camadas, apesar do papel reprodutor e ideológico da escola.

Esta premissa é para mim a forma como decodifico a mensagem que as classes subalternas enviam aos educadores a cada vez que, ao longo de suas lutas e movimentos, reivindicam mais e melhores escolas para seus filhos. A meu ver elas não estão equivocadas.

Com isso não quero ignorar o peso que as condições materiais de pobreza possuem na determinação do fracasso.

Apenas chamo a atenção para o fato de que as condições internas da escola também atuam nesse sentido. Estas condições escolares são as que dizem respeito à ação do educador já que a mudança das condições de vida envolve pessoas e processos que ultrapassam em muito o âmbito da escola.

Mas, o que seria uma escola democrática em contextos sociais como os nossos? Como concebê-la e realizá-la já que, por um lado, a escola democrática ideal dependerá da democratização do Estado e da sociedade como um todo e, de outro, a democratização desse todo não pode prescindir da educação em geral, aí incluída a escolar? Para sair desse círculo só há um caminho: "partir das condições atuais",[2] isto é, entender o que a escola existente é, para procurar captar o seu *movimento possível*.

Para isso é preciso pensar a escola como um dos espaços da sociedade, isto é, como parte integrante de uma totalidade que é dinâmica. O movimento existe na escola porque existe na sociedade. O que o produz?

As formações sociais possuem um movimento interno porque elas se constituem não de "indivíduos" nem de "coisas" mas de *relações entre pessoas* que fazem parte de grupos sociais distintos, às vezes antagônicos como são as classes sociais em sociedades do tipo da nossa.

São as relações entre as classes que efetuam a dinâmica de nossa sociedade, isto é, são relações de contradição. Este movimento, a contradição, existe também na escola. É preciso saber como ela se manifesta aqui e tentar captar sua direção.

Ora, o ato de conhecer o movimento de alguma coisa é em si político, pois ao se rejeitar apreender um objeto como estático já estamos formulando uma hipótese sobre a direção de seu movimento. Dessa forma estamos com intenção de interferir nessa direção.

Nessa perspectiva metodológica, quando nos propomos a refletir sobre a escola que existe, significa que essa escola, como a sociedade que a inclui, não é algo já dado e acabado e sim o produto de relações sociais, o produto da prática social de grupos e de classes. Por isso mesmo, ela pode ser transformada. Resta saber o grau, a natureza e a direção dessa transformação possível da escola.

Em outras palavras, trata-se de perceber com clareza qual o papel da educação escolar no conjunto dos demais processos de transformação social, um papel que é específico, mas não isolado, ou seja, articula-se — às vezes organicamente, às vezes contraditoriamente — com a dinâmica de transformação da sociedade. Qual seria esse papel?

A pergunta pode ser respondida com outra pergunta: o que define aquilo que é inerente à escola senão o *ensino*, a *transmissão de conhecimentos*?

2.2 A respeito de alguns equívocos

Os educadores liberais deste século realizaram esforços consideráveis pela democratização da escola. Entenderam que esta democratização se condicionaria à gigantesca e irrealizável tarefa de "formação integral" do educando e de "preparação para a vida", que genericamente significa preparação para tudo... Na realidade, preparação para nada, pois a função precípua de ensinar acabou se diluindo numa proposta tão ambiciosa quanto inexequível, e portanto ideologicamente útil às forças às quais não interessava a democratização do conhecimento escolar. Não vou me deter neste equívoco por considerá-lo historicamente superado.

Desiludido da escola, já que ela não conseguiu cumprir tão nobre tarefa, o pensamento educacional encontrou nas teorias crítico-reprodutivistas, da escola uma explicação apaziguadora das suas inquietudes. A "formação integral" do educando foi desmascarada como objetivo ideológico e o real papel da escola se revelou: a reprodução das relações de produção.

Se na visão liberal moderna, de tônica fortemente psicologista, o conhecimento não tinha valor porque o importante seria o "processo", o "método de trabalho" e não o conteúdo, agora, na visão sociologista crítica, o conhecimento se transforma no próprio instrumento de dominação, porque arbitrário e apenas a serviço dos interesses dominantes.

Separando a instância cultural das relações de produção, essas teorias não levaram em conta que a produção do conhecimento se dá na relação entre as classes sociais, e se fundamenta na divisão de trabalho entre elas. Ou seja, a produção do conhecimento tem por base a expropriação do trabalho. No momento em que o conhecimento se constitui, interessa aos dominadores apresentá-lo e mantê-lo como propriedade e privilégio seus, mas na realidade ele é patrimônio coletivo da sociedade. Reapropriar-se dele constitui nesse sentido uma forma de luta legítima aos interesses populares.

Mais recentemente, na busca de superar tais impasses teóricos e práticos, a denúncia do papel reprodutor da educação tem sido acompanhada de propostas alternativas para a ação escolar. Trata-se então de burlar a vigilância burguesa sobre a escola, construindo sub-repticiamente dentro dela a "ideologia proletária".

Voltamos então a um objetivo vago e genérico, substituindo a "formação integral" pela formação da "consciência revolucionária". Tarefa talvez mais gigantesca ainda, uma vez que há de ser feita à revelia do controle que a classe dominante, por ser dominante, consegue exercer sobre a escola. Nessa visão o professor, para deixar de ser algoz da classe dominante, deve travestir-se de agente do proselitismo partidário, caso contrário nada pode fazer pelas camadas populares. E, em última instância, o conhecimento desapropriado pelo capital ao trabalho continua privilégio do primeiro.

2.3 Uma visão da Escola

No meu modo de entender, apenas por formalismo poderíamos propor, para que a escola deixasse de ser reprodutora, que ela se tornasse agência de formação revolucionária. Não seria aí que poderia se concretizar o potencial transformador da educação escolar.

Ela é aspirada pelas camadas populares como forma de melhoria de vida, pela possibilidade que nela distinguem de obter melhor emprego e de participar da cultura letrada.

A melhoria de vida, a obtenção de emprego, a aquisição de bens materiais, aspirações para as quais a escola é importante, são um benefício concreto. Não configuram um projeto revolucionário nem levam por si mesmos à negação da dominação. Mas constituem uma expressão individualmente negadora da origem de classe, cuja passagem para um projeto coletivo vai depender da participação de cada indivíduo nas demais instâncias da vida social, da qual as relações e organização do trabalho são as mais importantes. Como mediação, a escolaridade pode dar algumas pré-condições para participação mas não a determina nem a direciona.

Nesse sentido, seria na sua eficiência em conseguir garantir às camadas populares a aquisição de conhecimentos que favoreçam sua inserção na dinâmica mais geral de mudança, que a escola cumpriria a parte que lhe cabe nessa mudança. Em termos muito simples seria ensinando, e bem, a ler, escrever, calcular, falar, e transmitindo conhecimentos básicos do mundo físico e social que a educação escolar poderia ser útil às camadas populares. Não como promotora da igualdade já que a sociedade é estruturalmente desigual. Nem como força revolucionária já que isso vai além do seu movimento possível nesta sociedade. Mas como estratégia de melhoria de vida e pré-requisito para a organização política.

Isto pode ser muito, ou muito pouco, dependendo do ponto de vista do qual se avalia a importância da escola. Se tomarmos como referência a escola abstratamente ideal diremos, com o idealismo liberal, que é muito pouco. Se partirmos da escola existente, é muito, pois o conhecimento que ela deve — e pode — transmitir constitui um *ponto de partida* para uma visão mais crítica da sociedade que a mantém. Não é o único ponto de partida, talvez não seja o mais importante, mas é aquele que nos diz respeito específica e diretamente como educadores que atuam na instituição escolar.

Acredito que se conseguirmos trabalhar mais nessa visão da escola, e ter maior clareza sobre seus limites e possibilidades, poderemos desempenhar papel importante como profissionais dentro do ensino formal. De um lado, traduzindo as aspirações escolares das camadas populares em reivindicações precisas e objetivas, que mobilizem e que possam ser cobradas ao poder público. De outro, buscando no interior da escola soluções técnico-pedagógicas adequadas às características e necessidades dos alunos das classes subalternas.

Essa atuação profissional não é "conspiração" contra a classe dominante, nem depende de "brechas" decorrentes de sua incompetência. É espaço de trabalho legítimo e específico do educador, já que essa própria classe se propõe a dar escola e coloca esta última como fundamental para a correção das desigualdades sociais. Seja como instrumento para sua hegemonia, seja como forma de preparar para o trabalho no mundo industrializado moderno, a classe dominante precisa também da escola e essa contradição há que ser explorada.

2.4 O sentido político da competência técnica

A contradição inerente à escola é, portanto, a de que ela precisa ser proclamada de direito de todos, e ao mesmo tempo economicamente dosada para a maioria. É essa contradição que cria o espaço da ação escolar em benefício das camadas populares, isto é, de cobrar e buscar realizar no limite a proclamação do discurso dominante. Tal cobrança se explicita em dois momentos indissociáveis: na reivindicação política da população e na competência técnica da escola para realizar aquilo a que se propõe.

Essa competência técnica não se identifica com o tecnicismo para o qual só importam os meios. Há um sentido político na forma competente de ensinar, porque não se está pretendendo ensinar a qualquer aluno, nem a um modelo abstrato de criança, mas às crianças concretas, isto é, àquelas sobre as quais o fracasso e a exclusão da escola incidem maciçamente.

Esse compromisso é que deveria orientar a busca de uma ação escolar competente, perpassando todos os aspectos da escola: de sua organização ao seu modelo didático-pedagógico, passando pela seleção e organização do conteúdo. Não tenho respostas detalhadas sobre como deveria ser essa escola competente, apenas coordenadas gerais a serem testadas pela prática. Mas o compromisso é o momento primeiro e, como tal, mais importante que respostas específicas.

Estas últimas são o desafio profissional que se coloca para a realização de uma escola que será democrática porque colocará sua competência técnica a serviço das necessidades populares. É um desafio considerável num continente que sequer conseguiu garantir a todas as suas crianças as habilidades mínimas da leitura e da escrita. Urge debater alternativas para fazer frente a essa tarefa.

3. Uma contribuição para o debate

A escola democrática será aquela que conseguir *interagir* com as condições de vida e com as aspirações das camadas populares. É preciso todavia objetivar o que se entende por essa interação.

As classes populares buscam na escola aquilo que, diferentemente das classes privilegiadas, elas têm dificuldade de encontrar em outras instâncias. Nesse sentido quem mais depende da escola para a aquisição de conhecimentos e de habilidades intelectuais são os que não dispõem do "currículo oculto" que as condições materiais favoráveis podem oferecer.

Trazer a cultura popular para a escola, ou o trabalho para a escola, pode nesse caso ser apenas um modo mais "progressista" de tentar trazer a "vida" para a escola.

No meu modo de entender, as crianças da classe trabalhadora não precisam da escola para aprender sobre o trabalho. Ele faz parte das relações sociais das quais elas são produto. Como não precisam da escola para aprender de novo, apenas de modo um pouco mais sofisticado, aquilo que seu ambiente cultural de origem já lhes ensina. O respeito à criança não pode ser confundido com uma confirmação romantizada da sua cultura de origem.

Isso põe em questão não só as tentativas da classe dominante de adaptar o currículo escolar às crianças pobres aligeirando-o e facilitando-o. Questiona também tentativas supostamente revolucionárias de, separando mecanicamente o saber do dominado do saber do dominante, defender um currículo escolar totalmente aderente às concepções de mundo e práticas populares.

Sei que tais colocações são polêmicas e remetem ao terreno contraditório da distinção entre saber popular e saber erudito. Sei o quanto tem sido discutida a ideia da existência de um conhecimento universal, mas não consigo deixar de me perguntar se uma sólida formação geral, baseada no saber dominante existente, não seria o que de melhor a escola teria a oferecer às camadas populares. Até para que estas criticassem esse saber e o superassem. Como ultrapassá-lo sem passar por ele?

Sendo assim, a interação da escola com as condições de vida das camadas populares deveria ser entendida como formas de, levando em conta suas necessidades objetivas, garantir a essas camadas não só o acesso como a permanência no sistema de ensino. Isso permitiria que uma escola de conteúdo e qualidade novos fosse sendo construída com as camadas populares dentro dela e não excluídas como até agora tem sido.

Não me parece possível decidir de antemão se esta seria uma escola popular ou educação popular. Mas eu gostaria muito que o povo, por meio de sua organização política, não somente fora do sistema de ensino, mas também dentro dele, pudesse estabelecer com sua prática os critérios para essa decisão.

Referências bibliográficas

1. Refiro-me aqui às ideias expostas por vários autores em diferentes obras, dentre as quais se poderia destacar.

BOURDIEU, Pierre; PASSERON, Jean Claude. *A reprodução*. Rio de Janeiro: Francisco Alves, 1975.

ALTHUSSER, Louis. *Ideologia e aparelhos ideológicos de Estado.*

BAUDELOT, Christian; ESTABLET, Jean Claude. *La escuela capitalista*. México: Siglo XXI, 1975.

2. DANGEVILLE, Roger (Org.). *Crítica da educação e do ensino.* Textos de Karl Marx e Friedrich Engels. Lisboa: Moraes Ed., 1978.

Formação do educador:

Aspectos Teóricos

Teresa Roserley Neubauer da Silva

O artigo 33 da Lei n. 5.692/71 legitima a presença dos chamados especialistas da educação no sistema educacional brasileiro dando origem à atual polêmica sobre a divisão do trabalho na escola.

Não vejo essa divisão como problemática; acho sim, que ela é uma etapa irreversível no processo de massificação do ensino pelo qual estamos passando.

É preciso compreender, portanto, que a natureza da escola mudou. Hoje não podemos mais ver o educador como o antigo mestre-escola artesão que cuidava de todas as etapas do processo educacional. A escola, atualmente, é um sistema complexo que atende uma clientela imensa e diversificada. Para tanto, o novo educador precisará desempenhar tarefas específicas que possibilitem o funcionamento desse sistema.

Consequentemente, a reapropriação da totalidade da prática educacional deverá ser uma reapropriação política feita pelo coletivo dos educadores. Ela implicará num exame crítico e cuidadoso do papel da educação e de cada prática específica no projeto social e político mais abrangente.

Este é o objetivo pelo qual estamos reunidos hoje aqui pensando a supervisão e seus aspectos teóricos. A Lei n. 5.692/71 ao propor uma nova orientação educacional pressupunha conceitos pedagógicos baseados em teorias educacionais modernas que na maior parte das vezes eram desconhecidas dos integrantes do sistema de ensino.

Não iremos discutir aqui o mérito das mudanças propostas. Queremos lembrar que a reforma foi planejada na cúpula do sistema, sem qualquer consulta prévia a professores ou outros agentes educacionais que seriam, no futuro, os que deveriam efetivá-la. Não havia, portanto, qualquer compromisso ou motivação dos quadros educacionais em relação àquela proposta legal.

Dessa forma, na vã esperança de que as mudanças chegassem até às salas de aula, foi preciso articular "elos humanos", ou seja, foi preciso garantir oficialmente algum tipo de supervisão para que as novas propostas chegassem até aos professores e alunos. Isto posto, o passo necessário seguinte era o de estabelecer a teoria e a prática que deveriam informar a ação desses novos profissionais. Aí então é que as contradições começam a se manifestar.

Na hora de dar conteúdo substantivo à ação prática e à formação teórica desses especialistas aparecem profundos desvios gerados pelas limitações que a realidade rebelde impõe a qualquer mudança arbitrariamente implantada.

Pensar os aspectos teóricos da supervisão educacional, portanto, só faz sentido em função de um exame paralelo da prática do supervisor. Uma teoria só é válida se informa uma prática crítica e consequente. Caso contrário, ela acaba tornando-se muitas vezes um elemento desarticulador da própria prática.

Vejamos o que acontece no caso da supervisão. Teoricamente, o modelo que a Lei n. 5.692 trazia implícito era o da escola a serviço do desenvolvimento econômico do país, escola esta descentralizada e voltada para os interesses da comunidade na qual se inserisse. Esta "idealização" via na escola um sistema social formado de grupos e subgrupos (alunos, professores, técnicos, comunidade) interagindo entre si e formando um todo orgânico e harmonioso. A unidade escolar neste modelo nunca deveria se caracterizar como uma soma de atividades paralelas comandadas e interligadas por estruturas administrativas exógenas. Ao contrário, o conteúdo, ritmo e controle das atividades educativas seriam estabelecidos por cada comunidade escolar de acordo com as suas necessidades e interesses.

É pois para desempenhar essa variada tarefa de atender às diferentes demandas escolares e às múltiplas especializações exigidas pela tecnologia moderna que se fez necessário generalizar ou implantar no sistema de ensino novos papéis ao lado dos já existentes.

A supervisão neste quadro passa a ser vista como um processo dinâmico que garante parâmetros para a relação ensino-aprendizagem que se realiza na escola. Como preparar o elemento que deverá dinamizar esse processo?

A formação do supervisor estará básica e privilegiadamente apoiada numa vasta bibliografia americana (Sergiovanni, Burton, Griffiths, Pfeiffer, Wiles) que minimiza a tarefa de inspeção e fiscalização dos aspectos burocráticos da escola e passa a enfatizar uma atuação mais técnica voltada não só para a liderança do sistema social orgânico que a escola "pretende ser" como também para o acompanhamento do processo de ensino-aprendizagem, elemento básico do trabalho pedagógico.

Esta linha teórica que dá ênfase à liderança, à avaliação e à retroinformação que devem permear um trabalho integrado de supervisão escolar — do qual diretor, técnicos e professores participam — tem razão de ser dentro do contexto histórico onde teve origem.

Este modelo nasceu nos Estados Unidos num quadro de referência completamente diferente do nosso. A escola americana é realmente descentralizada, gerida e controlada pela comunidade onde atua através dos famosos Boards of Education que tanto entusiasmaram Anisio Teixeira e que nada têm a ver com os nossos Conselhos de Educação.

Diretor, professores e técnicos são escolhidos e mantidos pelos representantes da comunidade. Eles precisam conhecer as expectativas e necessidades locais a fim de estabelecer objetivos educacionais e linhas de ação mais adequadas aos interesses específicos das diferentes realidades. A supervisão passa, assim, a ser compreendida como um esforço conjunto de especialistas e professores para a realização dos objetivos propostos.

Contudo, ao voltarmos um olhar crítico para a prática que os supervisores vêm, em geral, desempenhando nas nossas escolas, vemos que ela pouco ou nada tem a ver com aquela linha teórica.

As mudanças propostas pela Lei n. 5.692/71 ocorreram num momento político-administrativo altamente autoritário e centralizador. Consequentemente, a maior parte das medidas, no nível de resoluções e portarias tomadas a partir de então procuraram enfeixar cada vez mais nas mãos das Secretarias Estaduais o controle das decisões, negando assim a descentralização proposta na lei maior.

O sistema de supervisão gerado, seja no nível de escola ou das outras instâncias do sistema (delegacias ou coordenadorias), terá sua atuação sempre atrelada a decisões impostas de cima para baixo e alheias aos interesses e necessidades da comunidade escolar onde atua.

Consequentemente, os modelos, pedagógicos ou administrativos, que ela — supervisão — deverá incrementar serão sempre decididos apriorística e arbitrariamente. Além disso, a autonomia do supervisor para atuar no interior da escola será praticamente nula.

Este sistema acabará levando o supervisor a exercer um papel controlador principalmente dos aspectos burocráticos da estrutura escolar. Um papel isolado e pouco motivador. Um papel de policial do sistema, pouco crítico e criativo, distante e antagônico à formação teórica que permeou sua especialização.

É preciso repensar a formação deste educador na medida em que cabe repensar a sua atuação a *nível* de *escola* e de *sistema*. Há um papel para a supervisão nesta nossa escola tão sofrida e tecnicamente desamparada?

Eu não pretendo oferecer nem possuo neste momento respostas claras e definitivas. Acho, porém, que é possível e necessário romper com esta situação que faz dos nossos especialistas simples cumpridores de ordem.

A sociedade civil, até agora afastada da gestão do ensino, começa a compreender que a educação não é um presente das instâncias governamentais, mas um direito que possui. Ela deverá a qualquer momento começar a cobrar da escola o seu real papel — oferecer educação formal de boa qualidade para seus filhos.

Nós devemos adiantar estas respostas. Sabemos hoje que o professorado de nossas escolas tem sérios problemas de formação. Se nós nos propuséssemos seriamente a capacitá-los para desempenhar competentemente suas funções, teríamos que esperar ainda uns 10 anos para solucionar este problema. Dez anos é o espaço de toda uma geração escolar. Não podemos cruzar os braços e esperar.

Neste ínterim, é preciso repensar cuidadosamente o papel que os especialistas da educação — em princípio, melhor capacitados que a média dos nossos professores (principalmente se pensarmos em termos de Brasil) — poderão vir a desempenhar ajudando a enfrentar a problemática de garantir o acesso das crianças das camadas populares em nossas escolas e fazê-las percorrer este caminho com sucesso.

Acho um pouco precoce ver no especialista a morte do educador. A educação escolar é uma conquista recente. É preciso fazer nascer um novo educador, não mais individualizado, mas como um grupo cônscio de seus direitos e de sua luta e principalmente comprometido com os interesses da maioria da população escolar à qual atende. É desta perspectiva que cabe pensar a formação do supervisor.

A literatura americana básica que informa seu curso de especialista tem-lhe servido muito pouco. Nas nossas escolas este papel de líder do grupo, de avaliador dos profissionais e recursos envolvidos no processo de ensino-aprendizagem cabe *talvez* ao diretor, nunca ao supervisor que tem a qualquer momento sua atuação barrada pelo administrador escolar.

Do ponto de vista pedagógico ele está quase a pé. A atuação em equipes de supervisão pedagógica implica o domínio de conhecimentos de didática, metodologia do ensino e de psicologia do desenvolvimento e da aprendizagem que, em geral, o supervisor não possui.

Quase nenhum embasamento crítico lhe é oferecido por disciplinas como Filosofia e História da Educação. Elas têm se constituído, geralmente, num elenco empobrecido de datas e ocorrências esparsas.

É tal o desconhecimento da História da Educação que muitos dos nossos educadores são levados a analisar acontecimentos atuais na área da educação não como parte de tendências históricas que vêm se manifestando há algumas décadas, mas como se fossem ocorrências totalmente novas e desvinculadas de momentos anteriores. Esta falta de memória histórica tem nos feito, muitas vezes, percorrer falsos caminhos que bem poderiam ser evitados.

Pior ainda é o conhecimento que se lhe oferece sobre o quadro legal e sobre a estrutura e funcionamento do ensino.

Como lhe falta embasamento histórico, ele estuda a legislação mecanicamente sem entender que por trás de cada lei existe uma parte viva, um caminho que foi percorrido. Uma lei reflete uma negociação feita num dado momento onde diferentes forças estavam disputando a liderança do processo político da sociedade. É somente quando se sabe quais os grupos que estavam envolvidos e quais os seus objetivos, que temos possibilidade de conhecer os limites e as implicações de uma dada legislação. Isto possibilita ao especialista examiná-la de forma crítica e encontrar formas de fazê-la cumprir a favor dos grupos sociais marginalizados do poder.

Estas e muitas outras considerações precisam ser levadas em conta quando pensamos o rumo futuro dos nossos especialistas.

Estamos atualmente vivendo um momento de mudanças. Ventos democráticos começam a arejar nossa sociedade e atingir brandamente os porões das nossas escolas. É preciso repensar esta escola e seus quadros técnicos em função dessas mudanças, lembrando sempre que a "abençoada" massificação do ensino nos leva a um novo modelo de escola e que neste caminho não devemos correr o risco de destruir o que mal acabamos de conquistar.

A supervisão escolar:
um urgente desafio

Antonio Carlos Caruso Ronca
Carlos Luiz M. S. Gonçalves

"Junte um bloco com dez unhas
quatro patas, trinta dentes
e o valente dos valentes
ainda vai te respeitar
... e mais dia menos dia
a lei do circo vai mudar
Todos juntos somos fortes
somos flecha e somos arco..."

Bacalov, Bardotti e Chico Buarque

Poucos profissionais no Brasil trabalham tanto quanto os educadores, especialmente aqueles que exercem sua função nas escolas de 1° e 2° grau. Sem dúvida alguma, em nossas escolas tanto públicas quanto particulares, existe esforço, dedicação e muito trabalho por parte daqueles que se dedicam à "nobre" missão de ensinar. A dedicação é tão grande que muitos ainda encaram o magistério como vocação e diante do miserável salário que recebem conseguem se sentir plenamente realizados, argumentando que a relação estabelecida com o aluno e o crescimento deste compensam plenamente o esforço feito.

Diante desse quadro a pergunta que cabe então é: por que a escola brasileira é tão ruim? Por que 50% de nossas crianças repetem a 1ª série do 1º grau? O que, é que leva as crianças a passarem 5.720 horas na escola do 1º grau e saberem pouco mais que ler e escrever?

Creio que um Encontro como esse é um momento importante e oportuno para analisarmos em profundidade essas questões e encontrarmos a responsabilidade da escola nesses fatos que são muito mais trágicos do que se pode pensar, à primeira vista.

Quando se analisa essas questões uma das tendências é jogar a responsabilidade sobre a criança, com afirmações do seguinte tipo: "a criança é desmotivada"; "ela chega ao 1º grau totalmente despreparada"; "hoje em dia os alunos não querem aprender". Outra tendência é jogar a culpa no sistema, afirmando-se que a escola reproduz as desigualdades da sociedade e enquanto não se mudar o sistema, a escola continuará a mesma.

Gostaríamos nesse momento de analisar esse problema tentando identificar *as nossas responsabilidades* no fracasso da escola de 1º e 2º grau. Sem esquecer que vivemos numa sociedade concreta que nos determina e condiciona em muitos aspectos, é importante perguntar o que é que está ocorrendo na atuação da escola que colabora para esta situação? Em que medida a atuação do Supervisor Escolar está ajudando para que a escola se mantenha como está? O que o supervisor poderia fazer para ajudar a escola a ser melhor e desempenhar a sua função de ensinar com mais eficiência?

Portanto gostaríamos de dividir essa nossa conversa em dois momentos: no primeiro, analisar a prática do Supervisor para ver em que medida a sua atuação também responde por esse fracasso e, num segundo momento, de que forma a sua atuação pode, na situação atual, colaborar para modificar esse panorama.

A prática do Supervisor se dá numa sociedade de classes, que apresenta sérias contradições tanto no próprio sistema educacional como na forma de se encarar a educação. Assim, de um lado a educação recebe pouca atenção de nossos dirigentes: as verbas para educação são diminutas, a taxa de evasão escolar na 1ª série do 1º grau há quarenta anos se mantém praticamente a mesma, os profissionais da educação são pessimamente remunerados, o ensino particular é incentivado... De outro lado, há todo um cuidado do poder central para que a educação não seja utilizada para desvelar a sociedade de classe na qual vivemos: diretores de escola são punidos, associações de classe de educadores são perseguidas, os livros didáticos são controlados... Por outro lado ainda, existem investimentos com educação no Brasil de hoje, que abrem perspectivas de acesso à escola a um parcela cada vez mais numerosa das camadas populares. No entanto como afirma Balzan

> "a escola tem falhado estrondosamente, deixando de satisfazer às suas expectativas. Se o primeiro grau tem se revelado ineficiente, o segundo revela-se inoperante. Aqui não se trabalha com os alunos em função daquilo que eles realmente são, mas sim daquilo que nós, professores, gostaríamos que eles fossem. O sistema, longe de recuperar os alunos conside-

rados defasados culturalmente, limita-se a classificar, selecionar e expurgar".[1] (Balzan, 1982, p. 41 s.).

Por essas e outras razões, não é de espantar que em muitas escolas tanto de 1º quanto de 2º grau encontre-se um percentual de reprovação de 90%.

Neste contexto tão complexo e tão contraditório o profissional da educação, obrigado a trabalhar muito com um salário cada vez mais reduzido, fica esmagado pelo seu quotidiano e não consegue perceber a relação entre educação e sociedade. Uma consequência disso é ou um ativismo desenfreado que faz que o educador não tenha tempo e condições de refletir sobre sua ação, ou então um verbalismo vazio e inócuo que não leva a nada.

A superação dessa situação é um desafio que se oferece ao Supervisor. Numa escola, compete ao Supervisor criar condições para que os educadores que ali trabalham possam rever a sua atuação; não só constatar que a escola vai mal, mas principalmente perceber o seu papel neste contexto e o que fazer para melhorar a situação.

É possível melhorar esta escola que temos aí. É insensatez pensar que antes precisamos transformar as estruturas sociais do país para então podermos concretizar a escola dos nossos sonhos.

> "Se não existe espaço, se as dificuldades são muitas, cabe a cada um, em seu nível, trabalhar e exercer o papel de educador, não como um missionário ou exercendo um sacerdócio, mas como um profissional realista e consciente do seu papel, esclarecido quanto às limitações e possibilidades que existem de se fazer educação hoje."[2] (Moura, p. 8-13).

Uma das possibilidades concretas de atuação do supervisor é exatamente a luta contra o ativismo e o verbalismo.

O ativismo não se resume apenas na sobrecarga de trabalho didático, mas também nas burocráticas exigências absurdas de preenchimento de guias, fichas, planos etc. Também se manifesta na ausência de revisões pedagógicas, onde um trabalho de equipe se concretize, ou na ausência de momentos onde os educadores reflitam sobre sua prática, façam o caminho de volta e percebam os atalhos em que entraram.

Nenhum educador cresce se não reflete sobre o seu desempenho enquanto profissional e se não reflete sobre a ação que foi desenvolvida. Só entramos na práxis quando refletimos sobre a prática. O ativismo, ao minimizar a reflexão, nega a práxis verdadeira e impossibilita o diálogo.

A crítica ao verbalismo nos leva a recordar a advertência de um estudante, ex-presidente da UNE: "A universidade se transformou numa imensa gaiola de papagaios, onde só se fala". É impressionante o tempo que perdemos na Universidade com reuniões inúteis onde muitas vezes se discute apenas o acidental. Todos nós sabemos, no entanto, que este problema atinge também a escola de 1º e 2º grau: tendo sido retirado da palavra a dimensão da ação, a reflexão se transforma num verbalismo vazio, num blá-blá-blá alienado e alienante. É forçoso reconhecer que nós educadores gostamos mais de nos reunir para falar do que para fazer.

Para entrar na práxis e consequentemente superar o ativismo ou verbalismo é indispensável que o Supervisor perceba a relação que existe entre os problemas que enfrenta na escola e o contexto social, político e econômico no qual a escola está inserida. Para tanto, é necessário não só que o Supervisor esteja convencido de que o mundo não termina no portão da sua escola, mas que também ele esteja realmente informado do que ocorre na sociedade brasileira e procure perceber de que forma a sua prática é influenciada por este contexto e por outro lado o que é possível fazer para alterar esse contexto.

Muito ligado a este problema do ativismo e verbalismo está a distância que separa a universidade da escola de 1º e 2º grau. Em geral, encontramos a seguinte dicotomia: a universidade pensa, a escola de 1º e 2º grau faz; ou então a universidade não faz, a escola de 1º e 2º grau não pensa. Esta dicotomia vai se refletir tanto na formação quanto na atuação do supervisor.

Podemos levantar com tranquilidade a hipótese de que durante a sua formação o futuro supervisor vai se deparar com professores universitários que não passaram por uma experiência de sala de aula no 1º ou 2º grau, ou, em muitos casos, com professores universitários que nunca trabalharam como técnicos em escolas de 1º ou 2º grau. Esse fato vai aumentar a probabilidade de que a Universidade fique discutindo grandes ideias, lindas teorias e não se debruce sobre o real. Além disso, a Universidade em geral não oferece ao futuro Supervisor oportunidade de passar por efetivas experiências em escolas de 1º e 2º grau, visto que os assim chamados Estágios Supervisionados são um jogo de faz de conta.

Para aumentar essa distância, quando o recém-formado Supervisor sai da Universidade, ele vai se defrontar com problemas na Escola para os quais não possui um referencial que o habilite a enfrentá-los. São problemas muito imediatos e concretos: alto índice de reprovação, a fome, a miséria, o professor incompetente, a inadequação do livro didático etc. Enquanto isso a Universidade continua discutindo de uma forma puramente teórica a reprodução das relações sociais, a mistificação pedagógica, a ideologia e as relações entre educação e sociedade. Com toda certeza, teses como a Reprodução e autores como Bourdieu e Passeron ainda não chegaram à escola de 1º grau.

Para que possamos sair dessa situação muita coisa deve ser feita e o Supervisor deve desempenhar um papel importante nessa luta. Gostaríamos de apresentar alguns passos concretos que podem ser dados pelo Supervisor:

Em primeiro lugar é fundamental que todos nos engajemos na luta por requalificar e revalorizar o professor de 1º grau, especialmente o professor de 1ª a 4ª série.

Em nível nacional este objetivo deve ser assumido pelas diversas associações de educadores que nos últimos anos surgiram no país. A nível da unidade escolar este também se constitui num desafio urgente. Neste aspecto é necessário repensar o papel que o Supervisor vai desempenhar para capacitar-se e capacitar o professor e, juntos, enfrentarem a tarefa de educar as crianças que estão em nossas escolas. Deve ser superado o papel tradicional desempenhado por muitos supervisores no sentido de resumir a sua prática na cobrança de planos, estratégias, objetivos e avaliações que devem ser executadas pelo professor. Mais do que pretender ensinar novas metodologias de ensino, a grande questão que se coloca ao Supervisor em nossas escolas é encontrar alternativas de ação que possibilitem ao professor viver a práxis, isto é, como possibilitar aos professores ocasiões para que eles *juntos* possam rever a própria prática.

Neste sentido, o segundo passo proposto ao Supervisor é criar em nossas escolas momentos de reflexão, para que *juntos* os educadores possam trocar experiências, rever o que foi feito e *juntos* encontrar alternativa de ação. Muitos supervisores têm se ancorado em razões de ordem burocrática para justificar a ausência de contatos periódicos entre os professores. Sem dúvida alguma, em muitos Estados do Brasil a legislação não só não favorece, como impede que os professores se encontrem, pois não permite que as aulas sejam suspensas para que haja reuniões e também não remunera o professor quando estas ocorrem fora do horário escolar. No entanto, é imperioso encontrar mecanismos que possibilitem burlar a burocracia e encontrar solução para este problema. Na medida em que, através de um acordo tácito de consenso, a maioria escolher esse caminho, a burocracia vai deixar de ser impedimento.

Finalmente, o terceiro desafio que se oferece ao Supervisor nas escolas é criar estratégias que permitam detectar o tipo de vinculo que se estabelece nas relações educador-educando e também entre os próprios educadores. Se a complexidade da escola hoje, cada vez mais, exige um trabalho de equipe, é absolutamente indispensável que as pessoas que se disponham a trabalhar juntas se disponham também a rever a forma como se relacionam.

Existem várias razões que justificam a necessidade urgente de o educador na sua própria prática rever o tipo de relacionamento que mantém. Em primeiro lugar "na relação pedagógica o que se aprende não é tanto o que se ensina (o conteúdo) mas o tipo de *vínculo* educador-educando que se dá na relação" (Garcia, 1981). Esse vínculo pode assumir muitas formas diferentes: dependência, autoritarismo, competição, cooperação etc... Em segundo lugar, alguns psiquiatras, como Sullivan por exemplo, defendem a tese segundo a qual todo crescimento, lesão, regressão ou "cura" do ser humano resulta do seu relacionamento com as pessoas. Em terceiro lugar os setores conservadores da sociedade, desejosos de mantê-la como está, utilizam-se não apenas do conteúdo das disciplinas ou dos livros didáticos, mas também do vínculo que se estabelece entre os próprios educadores e também entre educadores e educandos. Como a educação não é neutra haverá alguns vínculos entre educadores e educandos, que generalizados na sociedade melhor servirão aos interesses dominantes.

Neste sentido, é necessário que os Supervisores tanto a nível de sistema como de unidade escolar revejam os vínculos implícitos em toda prática educativa, pois parece-nos que ao invés de Supervisor Escolar (i. é. educador) temos atuado como um Supervisor Gerente (i. é. controlador). As relações educativas têm sido substituídas por relações burocráticas (crescimento e amadurecimento substituídos por controles e programações).

Educação é uma tarefa e um encargo coletivo, no mundo de hoje. Portanto, é imperioso que o Supervisor contribua decisiva e decididamente para a *formulação coletiva* de projetos de saídas para os desafios propostos. "Os discursos foram *ouvidos* sempre juntos, muito *pensados* juntos e jamais *formulados* juntos" (Alves, 1982, p. 145).

> "Confiança com coragem
> Vibração com fantasia
> e mais dia e menos dia
> a lei do circo vai mudar.
> Todos juntos somos fortes...
> Não há nada pra temer.
> ...E no mundo dizem
> que são tantos
> saltimbancos como nós"
>
> *Bacalov, Bardotti e Chico Buarque.*

Referências bibliográficas

1. BALZAN, N. Perfil do supervisor necessário, *Cadernos do Cedes*, n. 7, p. 41 s., 1982.

2. MOURA, A. R. de. Da necessidade de ser educador... e malabarista, *Cadernos do Cedes*, n. 6, p. 8-13, jun. 1982.

GARCIA, G. A relação pedagógica como vínculo libertador", In: Patto, M. H. (Org.). *Introdução à Psicologia Escolar*. São Paulo: T. A. Queiroz Editor, 1981.

ALVES, N. A prática política do supervisor educacional, *Cadernos do Cedes*, n. 6, p. 14 s., jun. 1982.

Supervisão e didática

Newton Cesar Balzan

A Supervisão é importante, não resta dúvida. Confirmam-no a vasta e complexa rede de problemas que atualmente se apresentam aos educadores e para os quais estes não vêm encontrando respostas satisfatórias. Aí está, por exemplo, o enorme contingente de crianças e adolescentes originários dos estratos sociais mais baixos, que apenas recentemente chegou à escola, e para os quais esta vem falhando fragorosamente no atendimento às suas expectativas mais elementares. Aí estão as elevadíssimas taxas de evasão e repetência na 1ª série do 1º grau, praticamente as mesmas ao longo dos últimos quarenta anos, o que não significa que os sobreviventes desta "seleção natural" inicial estejam capacitados a percorrer com tranquilidade as demais séries e, menos ainda, que venham a fazê-lo mediante um processo de legítima aquisição cultural, quer em termos de conhecimentos básicos, quer em termos de atitudes.

Sob a argumentação de que primeiramente seria necessário resolver-se o problema da quantidade — escola para todos! — deixou-se o atendimento à qualidade para depois, para mais tarde, quando às condições gerais do país assim o permitissem. E a qualidade do ensino foi-se deteriorando gradativamente, sem que os problemas de quantidade tivessem sido resolvidos.[1]

Vivendo tal situação e premidos por problemas existenciais que se avolumam à medida que seus salários sofrem reduções constantes,[2] nossos professores se sentem aturdidos, sem saber o que fazer. A gama extremamente variada de comportamentos que surgem para enfrentar a situação de crise em que se veem envolvidos, na maioria dos casos traduz apenas um inconformismo bastante saudável em relação à situação em que se encontram, como profissionais da educação. Inconformismo que constitui a base de esperança em

1. Dados levantados pela Pesquisa Nacional por Amostra de Domicílios, realizada pela FIBGE, revelaram que em 1979 havia no país 6.916.000 pessoas na faixa etária compreendida entre 7 e 14 anos — portanto na faixa de escolarização obrigatória — sem saber ler e escrever. No Estado de São Paulo, considerado o mais desenvolvido do país, o número de analfabetos de 7 a 14 anos manteve-se quase estagnado entre 1976 a 1979: 429.000 e 428.000 crianças, respectivamente.

2. Estudos recentes, realizados pela Fundação Carlos Chagas, vêm demonstrar a constante queda de salário do professor em relação ao salário mínimo. No Estado de São Paulo, um professor com licenciatura plena — Professor 111 — que em 1967 tinha um salário-hora equivalente a 13,7 vezes o salário-hora mínimo, passou a ter 6,9 vezes o salário-hora mínimo em 1979. No caso do Professor 1, correspondente ao antigo Professor Primário, processo semelhante ocorreu, embora em grau menos acentuado: em 1967, seu salário-hora era de 8,7 vezes o salário-hora mínimo; em 1979, 5,7 vezes. A atualização dessas informações permite constatar que atualmente o salário-hora do Professor 111 equivale a 5,4 vezes o salário-hora mínimo; o do Professor I, 4,4 vezes.

A propósito, veja-se de T. Roserley Silva: Orientação Curricular e Atuação do Professor — Uma Avaliação Crítica. Fundação Carlos Chagas, SP, 1981.

relação àquilo que se pode fazer no presente, tendo como alvo o futuro.

Como trabalhar a partir desta base, de maneira a contribuir efetivamente para a superação do atual estado de coisas? Este parece ser o grande desafio que nos é lançado, a nós Supervisores, e ao qual deveremos responder com certa urgência.

Creio não ser necessário enumerar mais exemplos a fim de demonstrar a necessidade do elemento capaz de catalisar as expectativas, incertezas e inquietações dos docentes, contribuindo para orientá-las na direção de um trabalho mais gratificante. Por isso, vamos nos concentrar sobre COMO responder a estes sentimentos e aspirações de maneira significativa, isto é, sem nos iludirmos e sem iludirmos aos demais. Longe do pedagogismo ingênuo, que atribuía à escola a capacidade de mudar a sociedade e, longe de posições aparentemente opostas, isto é, de reducionismos que tendem a conduzir a um verdadeiro processo de autoflagelação — "só nos resta, mesmo, reproduzir as relações sociais vigentes".

Há inúmeros aspectos sobre os quais poderíamos discorrer, todos reclamando igual atenção de nossa parte. No entanto, é preciso selecionar prioridades, sob o risco de cairmos na superficialidade e falharmos, num momento em que é preciso fazer algo de imediato.

Pensando exatamente na situação do professor — aturdido diante da problemática já referida — e nas possibilidades do Supervisor, optei, ao redigir o presente texto, por trabalhar com os aspectos didáticos da educação escolarizada. Ao selecionar tal aspecto, estarei, evidentemente, privilegiando as situações intraescolares e deixando de focalizar, pelo menos explicitamente, os problemas de ordem predominantemente estruturais, que dizem respeito diretamente à situação do educador enquanto profissional[3] e que afetam diretamente os primeiros. Esses problemas, no entanto, estarão sempre presentes, quer como "pano de fundo", quer como referencial básico. Acredito que é possível e necessário, concomitantemente às lutas por melhores condições de trabalho, fazer-se algo de efetivo, visando a melhoria da qualidade do ensino ora oferecido por nossas escolas. É este o sentido do presente trabalho.

Pretendo, numa primeira etapa, discutir e rever alguns conceitos que julgo de importância fundamental, mas que vêm sendo objeto de deturpação de toda ordem, perdendo seu sentido original. Trata-se de "depurar a didática", a fim de que o Supervisor a visualize com mais clareza; podendo, a partir daí, melhor identificar suas reais possibilidades de atuação: na elaboração de planejamento de ensino, na seleção dos conteúdos, nos procedimentos metodológicos e no processo de avaliação. Numa segunda etapa pretendo propor alternativas a fim de que este elemento possa, a longo prazo, caminhar na direção de seu crescimento profissional, capacitando-se a atuar mais livre e eficientemente junto aos professores, em situações de aprendizagem.

---

3. Trata-se de posição idêntica à de Guiomar N. de Mello, em relação aos fatores intraescolares. Ver, desta autora: Fatores intraescolares como mecanismo de seletividade no ensino de 1º grau, *Educação e Sociedade*, (2), Cortez/Cedes, jan. 1979.

1. Estudo de caso

1.1 Situação de Ensino-Aprendizagem

Procurarei ser didático, e para isto partirei de um exemplo extraído da própria realidade. A partir daí, poderemos teorizar em termos de planejamento, de conteúdos etc. extraindo uma série de conclusões para a Supervisão. A situação tem lugar numa classe noturna de 1ª série do 2º grau. Ocorre no início do bimestre maio-junho, quando já se observam os primeiros sinais de esvaziamento, imediatos à publicação dos resultados das avaliações do 1º bimestre.

> "Nesta noite a frequência às aulas é bastante reduzida, certamente como consequência dos Conselhos de Classe que vêm se realizando durante toda a semana.
>
> Ao chegar à escola, o professor é aconselhado pela inspetora de alunos a 'dar matéria nova, uma vez que a maior parte dos alunos, ou não veio, ou já foi embora para casa'.
>
> O trabalho consistiria em dar continuidade ao estudo sobre o crescimento demográfico do continente americano a partir de um texto que ocupa cerca de uma página e meia do livro didático adotado (Moreira, p. 142-3) e que inclui gráfico relativo ao avanço populacional no período de 1650-1978, com projeção para o ano 2000. Os alunos deveriam procurar compreender o texto e levantar problemas para discussão em classe. As dúvidas seriam anotadas e a seguir apresentadas ao professor.
>
> A leitura do 1º parágrafo foi feita em voz alta por um dos alunos:
>
> 'Durante os primeiros 150 anos de ocupação europeia do território americano, a população do continente certamente diminuiu bastante. Isto ocorreu porque o número de amerín-

dios eliminados foi maior que o número de europeus que vieram para a América'.

Como após pequeno intervalo não surgisse qualquer manifestação — quer sob a forma de dúvidas a serem esclarecidas, quer sob a forma de problemas a serem discutidos — o professor opta por questionar o grupo. E facilmente vai percebendo que nenhum aluno sabe o significado da expressão 'Durante os primeiros 150 anos de ocupação europeia'...

Nenhum deles tem a mínima ideia de quando teria se iniciado esse período. Uma aluna sugere que o mesmo 'teria sido em (sic) 1858'. Ele corrige, argumentando que se trata, no caso, de um período de 150 anos e não de uma data. Insiste no significado de 'primeiros 150 anos' e procura fornecer algumas pistas, levando-os a recordar sobre o momento em que teria se iniciado a ocupação do Continente Americano. No entanto, aqui também, as respostas são as mais diversas: 1659, 1700 etc. O professor mostra que isso contraria os fatos, já que a fundação da cidade de São Paulo não poderia ter ocorrido antes do início da ocupação do território. Lembra-lhes mais uma vez que, embora a memorização de datas tenha, em geral, valor bastante reduzido, há algumas que por constituírem 'marcos', são de utilidade indiscutível: 1789, 1939-1945 etc.

Recorrendo à descoberta do Brasil, um aluno muito timidamente lembra-se do ano 1500 e então o mestre os faz ver que o período de 150 anos constante do texto, 'grosso modo', vai de 1500 a 1650. Numa linha traçada no quadro, fazem representar alguns pontos cujas distâncias entre si equivalem, de modo aproximado, a certas datas consideradas importantes: 1500, 1822, 1914-1918, 1981.

Uma aluna solicita esclarecimentos sobre o termo 'ameríndios' e, devolvendo a questão à classe, ele percebe que apenas um aluno sabe do que se trata.

Questionando-os uma vez mais, verifica que a maioria não tem certeza sobre quem seriam os 'europeus que vieram para a América'. Compreendido o texto e sanadas as dúvidas sobre o gráfico, é proposto o seguinte problema para discussão: 'Se quiséssemos representar os dados populacionais desde o ano 1500, como seria a 'curva' representativa do período 1500-1650? seria ascendente, descendente ou se aproximaria de uma reta? Por que?'

As respostas são as mais diversas e nenhuma delas revela segurança por parte dos alunos. Segundo um deles, a curva iria se situar abaixo de zero!"

Qual o significado disto tudo?

A situação descrita nos coloca diante de uma série de problemas para a Educação, dentre os quais emergem os de ordem didática. Sob este aspecto, destaca-se o ESTUDO, inclusive sua própria conceituação, de importância fundamental para a aprendizagem — sua realização, ou seu fracasso.

Eu me pergunto quantas e quantas vezes esses mesmos alunos não teriam visto e revisto, através das 5.760 horas-aula do 1º grau, que a América foi descoberta em 1492 e o Brasil em 1500? Quantas vezes não terão repetido em provas e mais provas de avaliação que o continente americano foi ocupado por europeus, destacando-se inicialmente os portugueses, espanhóis, ingleses e franceses? Quantas dezenas de vezes não terão tomado contato com o termo "ameríndios"? No entanto, agora, é como se nunca tivessem ouvido sobre isto.

Pergunto-me como é possível não terem concluído que a "curva" seria descendente, uma vez que o primeiro parágrafo deixa claro ter havido uma redução na população ao longo dos primeiros 150 anos? O que teria acontecido com tudo que fora visto anteriormente sobre coordenadas cartesianas, funções etc.?

Não é preciso responder a todas essas perguntas a fim de deixar claro aquilo que parece o essencial: certamente terão ouvido e repetido muito sobre isto anteriormente, mas evidentemente, nunca *pensaram* a respeito. Não *aprenderam* sobre esses fatos, isto é, não atribuíram significados aos mesmos, já que agora se revelam incapazes de estabelecer quaisquer tipos de relações espaço-temporais. Na verdade, terão lido e repetido as mesmas coisas um sem número de vezes, na tentativa de memorizarem dados e fatos, satisfazendo, assim, as condições normalmente estabelecidas como critério de aprovação e promoção, num sistema educacional que tende a valorizar exclusivamente este nível da área cognitiva e que menospreza as chamadas "capacidades intelectuais": a compreensão, o processo de análise, a aplicação de conhecimentos e a elaboração de sínteses.

Voltemos, porém, à nossa classe de "1º Colegial" e pensemos no que teria acontecido se, a pretexto de "ter que cumprir com meu planejamento", o professor simplesmente passasse por cima de todo este desconhecimento e continuasse "dando matéria". Pensemos no que teria acontecido se ele se limitasse a determinar que os alunos estudassem bastante, pois este mesmo texto "cairia na prova" a ser realizada numa próxima aula. Para completar o quadro, suponhamos que de sua prova constassem questões do tipo: "O que aconteceu com a população do continente americano nos primeiros 150 anos de ocupação europeia?" Ou então: "Durante os primeiros 150 anos de ocupação europeia a população do continente americano .... bastante, pois o número de .... eliminados foi maior que o número de europeus que vieram para a América".

Decisões deste tipo, certamente levariam a uma série de situações, todas indesejáveis: aprendizagem meramente mecânica, de valor tão irrisório quanto a memorização de sílabas em sentido, atribuição de notas fundamentada em critérios irracionais etc. O mais grave, porém, provavelmente ficaria encoberto: a verdadeira esquizofrenia que estaria norteando o processo como um todo. Uma situação em que o mundo do professor e seu principal instrumento de ação — o livro didático — nenhuma relação mantêm com aquilo que se passa na cabeça do aluno. Um mundo de aparente ordem, cuja manutenção é assegurada através de mecanismos sutis de repressão, sempre calcados em controles aversivos.[4]

O relato acima sugere que tanto entre os professores como entre os alunos há confusão em torno do conceito de ESTUDO e que a escola, de modo geral, tende a valorizá-lo predominantemente através de seu sentido deturpado: repetição mecânica de conhecimentos, pura e simplesmente. Coerentemente com este estado de coisas, a "cobrança" da aprendizagem não poderia ser feita de outra forma senão através de provas, cujas questões valorizam predominantemente a falsa compreensão. O círculo vicioso se fecha, pois, de modo a garantir que o conceito de ESTUDO se mantenha deturpado.

Vejamos agora quem são esses alunos e como as coisas se passam nas demais disciplinas. O esclarecimento sobre estes aspectos constitui a condição necessária para compreensão da atual situação e, portanto, para sua superação.

---

4. A leitura e discussão junto aos professores do Cap. V — "Por que os professores fracassam" — de SKINNER, B. F. In: *Tecnologia do ensino*. São Paulo: EPU/ Edusp, 1975, poderá ser bastante útil, no sentido de conscientizá-los sobre esses aspectos.

1.2 Os alunos

A turma que está sendo objeto do presente relato é muito importante, na medida em que ela é representativa da sociedade brasileira como um todo: aproximadamente 3/4 de seus elementos (74,1%) são filhos de trabalhadores — operários, especializados ou não — que cursaram, em sua grande maioria, apenas até a 4ª série do 1º grau.[5]

São jovens de ambos os sexos, cujas idades variam entre 15 e 32 anos, com alta concentração na faixa dos 16 aos 20 anos. A maioria absoluta (91%) exerce algum tipo de atividade remunerada durante o dia, predominando as do setor terciário: escriturários, balconistas, "office boys" etc.

O grupo difere substancialmente daquele que frequenta o período diurno da mesma escola, cuja grande maioria pertence aos estratos superior e médio da sociedade[6] e dispõe de tempo integral para os estudos. Essas diferenças não impedem, porém, que o "modelo" aplicado ao período diurno não deixe de ser considerado como o protótipo daquilo que deveria ocorrer obrigatoriamente no noturno...

---

5. A caracterização dos alunos quanto às origens socioeconômicas foi feita mediante a aplicação da "Escala de hierarquia de prestígio ocupacional", de Hutchinson, em sua versão modificada para o Brasil: Hutchinson, *Mobilidade e trabalho.* Rio de Janeiro: MEC/Inep/Centro de Pesquisas Educacionais, 1960.

6. Com efeito, há diferenças bastante acentuadas, sob este aspecto, na composição das turmas dos períodos diurno e noturno da mesma escola. A distribuição dos alunos das 1as séries de ambos os períodos, segundo estratos sociais, é a seguinte: Estrato "Superior" — diurno, 15,7% e noturno, 4,7%: "Médio" — diurno, 56,2% e noturno, 22,5%; "Inferior" — diurno, 28,1% e noturno, 74,1%.

No entanto, as diferenças em relação à segunda série diurna são mais acentuadas ainda, revelando, já, o mecanismo de seletividade: Estrato "Superior", 36,7%; "Médio", 45,5% e "Inferior", 17,8%".

Excluindo-se os casos de alunos procedentes de instituições do tipo SENAI e de cursos supletivos, a maioria terá assistido, no mínimo, a 5.760 horas-aula, durante os oito anos de 1º grau. São 8 anos e não 8 meses, ou 8 semanas, que se revelam inócuos, na medida em que não lhes forneceram aquilo e que poderíamos chamar de "cultura geral mínima" de maneira a colocá-los à altura daqueles que tiveram outras condições socioculturais: um meio mais rico em oportunidades de aprendizagem, outras histórias de vida etc.

Foram anos e anos de Estudos Sociais e depois Geografia, História, Ed. Moral e Cívica e Organização Social e Política do Brasil, centrados em métodos "modernosos", que privilegiam aspectos nem sempre os mais relevantes do conhecimento e que a título de se estimular o Estudo Dirigido, na verdade, a última coisa que se propõem é levar o aluno a "aprender a aprender".[7]

---

7. Os exemplos abaixo elucidam melhor esta questão. Foram extraídos de uma amostragem apresentada por Eloísa de M. Höfling, ao analisar os 30 livros de Estudos Sociais mais utilizados no Estado de São Paulo.

Maiores detalhes e um grande número de exemplos poderão ser obtidos a partir de consulta à obra da autora. *A concepção de cidadania vinculada em livros didáticos de Estudos Sociais do primeiro grau*. Tese (Mestrado) — Faculdade de Educação/ Unicamp, Campinas, 1981.

1º) Procure lembrar-se do nome do bandeirante que ficou conhecido como "Caçador de Esmeraldas":

F1 E2 D1 S4 P1 A2

R_3 O_6 I_2 E_3

N_4 A_5 A_3 S_4

(Fernão Dias Paes) (5ª série, p. 108)

2º) "De três raças nasce um povo

(...) 3. Como vivia nosso avô índio?

Vamos fazer juntos este tópico? Eu começo e você completa os claros, certo? (Se você 'tropeçar' consulte o livro. — p. 11).

Oito anos, longo período sem dúvida. No entanto, durante seu transcorrer, conforme informação fornecida por eles mesmos, a maioria não leu uma só obra literária, não realizou qualquer experimento científico, por mais elementar que fosse e jamais recorreu a um simples mapa.

Questões extraídas de algumas das provas a que são submetidos presentemente — inclusive em disciplinas potencialmente interessantes e categorizadas como experimentais — permitem constatar que a situação se mantém praticamente a mesma, conforme foi observado em relação ao 1º grau.[8]

Para a maioria desses alunos, em cuja formação anterior esteve ausente qualquer tipo de aprendizagem que resultasse no desenvolvimento de sua capacidade de abstração, hoje é muito difícil aplicar conhecimentos elementares de Matemática na resolução de problemas de Física, embora ao professor desta disciplina estes pareçam extremamente simples.

Os índios se dividiam em vários povos ou nações. As principais eram a dos tupi-guaranis que habitavam o litoral. Os tapuias (ou jês) habitavam o interior. Na Amazônia viviam os caraíbas e os nuaruaques".

(5ª série, p. 9)

3ª) "(...) o escravo africano era utilizado na mão de obra das lavouras. D. Pedro II, entretanto, pouco a pouco foi concedendo direitos aos escravos africanos".

(4ª série, p. 86)

8. Eis alguns exemplos, extraídos de uma prova de Biologia:

1 . O que é protoplasma?
2. Quais são as etapas para fazer (*sic*) uma lâmina de um tecido qualquer?
3. Enumere duas funções da água no organismo.
4. Complete: O .... entra na formação dos aminoácidos; o .... e o .... são responsáveis pela permeabilidade osmótica da célula e o .... é fator da coagulação sanguínea.
5. Como divide-se (*sic*) o metabolismo?

Observação: seguem-se outras tantas questões do mesmo tipo.

Durante as aulas, a maioria mantém-se passivamente, sendo muito raras as vezes que dirigem perguntas aos professores. Quando fora da sala de aulas, apenas em ocasião de provas conversam sobre os conteúdos das disciplinas.[9] O controle é baseado fundamentalmente em estímulos aversivos, fazendo-se sentir principalmente através de ameaças de reprovações.

As informações anteriores permitem concluir que os conteúdos considerados *a priori* como sendo de "nível de 2º grau" têm pouquíssimas chances de serem assimilados por eles. A possibilidade de melhorarem o aproveitamento através de uma autorrecuperação, por outro lado, parece bastante remota, na medida em que o problema não é simplesmente falta de vontade de se dedicarem aos estudos e nem se restringe à falta de tempo para fazê-lo — uma limitação existente, aliás — mas sim o fato de não terem aprendido a pensar. Mais grave ainda: que possibilidades teriam de "vencer através do estudo", se eles simplesmente não sabem COMO ESTUDAR?

Toda esta série de desencontros nos permite concluir que a sentença que será decretada por ocasião do encerramento do 4º bimestre já está praticamente lavrada: a maioria daqueles que ousarem continuar frequentando as aulas até o final do ano, será reprovada. Gostaria de insistir em dois aspectos,

---

9. Trata-se de uma informação coletada a partir de questionário aplicado aos alunos no final do último bimestre, através do qual se procurou conhecer suas opiniões sobre o ensino que lhes fora oferecido durante o ano letivo. O instrumento utilizado no levantamento de dados constava de 11 itens, envolvendo os seguintes aspectos: apreciação geral sobre o trabalho desenvolvido durante o ano letivo; concepção sobre metodologia de ensino; interesses sobre os conteúdos das diferentes disciplinas; fatores que interferem no rendimento; distribuição das diferentes disciplinas em categorias, fundamentadas na área afetiva.

a fim de explicitar bem claramente a gravidade desta situação: primeiro, que o grupo que vem sendo objeto do presente relato é constituído por uma parcela bastante reduzida do universo que há 8 anos atrás havia iniciado a 1ª série do 1º grau;[10] segundo, que os mais altos índices de evasão e reprovação conforme se veio a constatar posteriormente,[11] correspondem ao grupo oriundo das camadas mais carentes da população.

O alto grau de insatisfação observado junto aos professores diante de tal estado de coisas, apesar da forte carapaça ideológica que os impede de ver como e por que as coisas realmente ocorrem, assim como de perceber seu próprio papel neste contexto, levam-me a tecer uma série de comentários voltados principalmente para a revisão de alguns conceitos que considero de importância fundamental para a Didática. De sua exata compreensão depende, a meu ver, a atuação do Supervisor na direção de uma Educação mais eficiente, dinâmica e libertária, tanto para o professor como para o aluno.

2. Didática: revisão conceitual para a ação supervisora

Através do exemplo relatado, pretendi explicitar a ideia de que o mesmo ocorre dentro de um círculo vicioso, de di-

---

10. Veja-se a propósito: Anuários Estatísticos do Brasil dos últimos anos editados pelo FIBGE.

11. Do total de alunos matriculados no início do ano, 47 deles pertenciam a famílias cujos pais exerciam ocupações manuais não especializadas (nível 7 da Escala de Hutchinson). Desses, apenas 1 foi promovido para série seguinte no final do ano. As diferenças observadas em relação aos grupos situados nas demais categorias foram consideradas estatisticamente significativas, a nível de 0,05.

fícil rutura. Seus elementos estão fortemente estruturados, envolvendo desde o planejamento até a avaliação. Ao contrário do que se supõe à primeira vista, trata-se de um universo coerente, onde determinados pressupostos iniciais — estabelecidos sem critério de racionalidade — acabam gerando toda uma cadeia de procedimentos, que envolvem desde a seleção de conteúdos até a elaboração dos instrumentos de avaliação, os quais, evidentemente, deixam muito a desejar. Os elementos que o constituem precisam ser revistos, a fim de que a coerência hoje existente — a serviço do marasmo, da manutenção do *status quo* etc. — seja substituída por uma outra — a serviço de um ensino dinâmico, de uma educação libertadora, da vida, enfim.

Dentre esses elementos, PLANEJAMENTO se configura, sem dúvida, como o mais importante.

2.1 Planejamento

O exemplo apresentado sugere que cada vez que oferecermos condições para que nossos professores *vejam* a realidade tal qual de fato ela é e a aceitem plenamente, estaremos ganhando pontos. Disto deve decorrer, necessariamente, a valorização do aluno de hoje, tal qual ele se apresenta — com seus limites, condicionamentos, história de vida etc. — de maneira a se planejar o ensino — definir os objetivos, selecionar os conteúdos etc. — em função dele e não do aluno que gostaríamos que ele fosse. Significa, portanto, ir eliminando gradativamente os ranços de saudosismos — "ah! há alguns anos atrás sim, os alunos estudavam... valia a pena dar aulas!" — fonte de tantas angústias e ansiedades, substituindo-os por algo mais esperançoso e construtivo. Para isto, é fundamental que o Supervisor investigue sua própria realidade, realizando pequenos projetos de pesquisa, de maneira a poder dispor de dados que serão objeto de reflexão por parte dos professores.

Esta postura do Supervisor — alguém que pensa sobre sua própria realidade, o supervisor-pesquisador — por assim dizer, constitui o ponto de partida para que se retome, junto aos professores, o sentido original de PLANEJAMENTO: planejamento como atitude, isto é, um modo de ser, que implica conhecimentos e reflexão sobre a realidade em que se pretende atuar, seleção de meios para intervenção tendo em vista mudança pretendida, reflexão sobre os resultados obtidos e nova proposição de metas. Ou, conforme definição de Friedmann: "uma atividade graças à qual o homem, vivendo em sociedade, se esforça por se dominar e por construir deliberadamente seu futuro coletivo, graças ao poder da razão" (Friedmann, 1959, p. 340). Isto significa dar prioridade ao planejamento como processo dialético — ação/reflexão/ação — deixando para um segundo nível de exigências os "planos", isto é, os documentos escritos, contendo as principais conclusões a que se chegou através do processo de planejar.[12] Estes têm valor apenas na medida em que, resultando do processo de reflexão e discussão sobre a realidade por parte dos professores, servem de consulta permanente a estes, no trabalho diário junto aos alunos.

---

12. "Um plano não é mais que um documento de trabalho, cuja importância é somente momentânea; quando surge sob forma impressa, está ultrapassado. O estabelecimento de um plano, isto é, o exercício do pensamento planificador, é algo infinitamente mais importante que um livro elegantemente apresentado e intitulado: 'Plano de Seis Anos'." FRIEDMANN, J. Op. cit. p. 348.

Muita coisa se perdeu a partir dos anos 1970, quando a tendência burocratizante geral enfatizou mais o produto final — papelada contendo gráficos tão complicados quanto possível — que o processo em si. A ênfase nos objetivos instrucionais e em sua operacionalização detalhada, a quase substituição do termo Educação por Instrução em meados da década passada, são parte de um mesmo contexto, repressivo e burocrático, que deixou como legado a descrença no planejamento. Por isso, hoje a tarefa é bem mais complexa: não se trata de apenas dar condições de planejamento, mas de se recuperar um conceito, de se reconquistar para uma ideia.

Isto implica em estimular uma mentalidade de planejamento — o "professor planejador" (ver Boulos, 1977) — tendo-se como referencial não os modelos tão a gosto dos tecnocratas — os "sistêmicos", por exemplo — calcados em bases funcionalistas e que pretendem a neutralidade científica, mas sim as ideias daqueles que não se cansaram de lutar pelo uso da razão, pelo predomínio do racional sobre o irracional: Mills, Brecht, Mannheim e Russel são alguns dos nomes que me ocorrem, dentre os mais recentes.

Assim procedendo, estaremos contribuindo para dar um sentido bem mais profundo e consequente à seleção de conteúdos, dos procedimentos metodológicos e dos instrumentos de avaliação, de modo a assegurar sua perfeita integração. Ao elaborarmos essa seleção estaremos trabalhando segundo dois dos "modos de pensamento", em nível da planificação, propostos por Friedmann, autor que já citei anteriormente: o pensamento integrativo e o pensamento projetivo.[13]

---

13. O autor refere-se a "diferentes modos de pensamento" a nível da planificação: pensamento objetivo, analítico, integrativo, projetivo, experimental e utópico; refere-se também à imaginação estética. (FRIEDMANN, J. Op. cit. p. 342-344).

As considerações anteriores podem ser assim sintetizadas: os cuidados com a Didática só têm sentido a partir da percepção clara por parte do sujeito — o professor — sobre a situação em que ele atua. É preciso haver a necessidade da Didática. É preciso que surjam sentimentos do tipo:

— Eu preciso fazer algo a fim de que esta população que está aí aprenda de fato. Mais ainda, que ela queira aprender.

— Eu também sou responsável por este fracasso que aí está —, alunos desmotivados, altos índices de evasão e de repetência, um processo seletivo que acaba por excluir os mais necessitados.

— Eu não posso simplesmente servir como agente de manutenção deste estado de coisas, assim como não posso, ao atuar junto às camadas mais favorecidas, agir como mero condicionador de comportamentos, a serviço do sucesso nos vestibulares.

— Como proceder?

A partir daí, a orientação do Supervisor, "na racionalização da atividade prática, na oferta de alternativas para a ação, no aumento de aptidão do professor para tomar decisões" (Castro, 1974, p. 37), não apenas se justifica, como se faz absolutamente necessária.

2.2 Conteúdos

O acima exposto permite concluir que ao selecionar os conteúdos importa fazê-lo em função do aluno real que está aqui e agora, com suas deficiências, limitações, expectativas e condicionamentos e não em função de abstrações, rótulos e "jargões", que nunca se sabe o que significam. Por exemplo:

que sentido teria desenvolver os conteúdos considerados *a priori* como sendo de 1ª série do 2º grau, junto aos alunos, aos quais se refere o exemplo relatado, somente porque os mesmos estão matriculados nesta série e grau? Que sentido teria esta medida, quando se sabe que sua estrutura cognitiva não contém os elementos necessários para a atribuição de significados a esses conteúdos?[14]

Evidentemente, os melhores conteúdos para esses alunos, dado o momento, e a situação em que se encontram, são aqueles que melhor e mais rapidamente os levem a suprir suas lacunas, capacitando-os a assimilar aquilo que parece "ser o mais razoável para a série em que estão matriculados, isto é, os conhecimentos adequados para quem já terá tido uma escolarização satisfatória ao longo dos 8 anos de 1º grau. Em termos específicos, o mais indicado seria trabalhar com as noções e os conceitos considerados fundamentais em Geografia, sem os quais não é possível caminhar nesta disciplina.

Esta ideia, aliás, pode ser explorada mais profundamente, de maneira a evitar que professores e alunos se percam no meio de tantas informações, do volume de conhecimentos que aumenta tão rapidamente. Com isto pretendo sugerir a ideia de o professor ter sempre presente as estruturas básicas de sua própria disciplina, incluindo-se aqui seus princípios mais gerais. A partir daí, seriam listados os conceitos mais importantes a serem estudados em profundidade.

---

14. Embora este aspecto tenha importância fundamental para a Didática, discuti-lo em profundidade extrapola os limites e a natureza do presente trabalho. Os supervisores e especialistas em Metodologia do Ensino encontrarão no trabalho de Antonio Carlos C. Ronca: O modelo de ensino de David Ausubel. In: *Psicologia e Ensino*. São Paulo: Papelivros, 1980. p. 59-83, importantes subsídios a respeito. Veja-se também, do mesmo autor: *O efeito dos organizadores prévios na aprendizagem significativa de textos didáticos*. Tese (Mestrado) — PUC-SP, São Paulo, 1976.

Cada vez que orientarmos nossos professores nesta direção, estaremos ganhando pontos. Isto significa abdicar da ideia de "ter que dar toda a matéria" e priorizar, em seu lugar, o essencial. Significa, consequentemente, a possibilidade de fazê-lo de modo eficiente.

Essas observações sugerem duas conclusões: a primeira é de que os princípios que embasam uma determinada disciplina, assim como os métodos a ela inerentes, formam, já, parte de seus conteúdos, os quais precisam ser valorizados, na medida em que constituem como que a espinha dorsal a orientar os demais. A segunda é de que a "formação específica" do professor tem importância fundamental, uma vez que se a mesma for apenas superficial, tipo "colcha de retalhos", ele certamente se perderá. Seu repertório, reduzido e disperso, além de limitar sensivelmente sua capacidade de escolha entre aquilo que é prioritário e aquilo que é acidental, lhe impedirá a mobilidade necessária para distribuir os conteúdos mais à vontade, sistematizando-os posteriormente.

No entanto, serão os conteúdos realmente importantes? Afinal, o que importa não é adquirir atitudes, aprender os métodos das várias disciplinas? Deve o Supervisor se preocupar com o desenvolvimento dos conteúdos das diferentes disciplinas se o próprio dinamismo do mundo atual faz com que a maior parte dos conhecimentos hoje disponíveis seja logo superada?

As respostas a essas questões são todas afirmativas. Os conteúdos são importantes, na medida em que a aprendizagem, incluindo-se aqui a formação de atitudes, não se faz no vazio, mas sim a partir de algo real, concreto. Não se trata, portanto, de valorizar o conhecimento exclusivamente como um fim em si mesmo — posição tradicional — e nem tampouco de menosprezá-los — posição decorrente de certos desvios observados, a partir da Escola Nova. Trata-se, isto sim, de se atribuir aos conteúdos a devida importância: aprender em profundidade os conhecimentos essenciais das várias disciplinas constitui condição necessária para a autoaprendizagem, única maneira de o indivíduo continuar se formando e se informando permanentemente.[15]

A preocupação com aquilo que deverá ser objeto do conhecimento se justifica, ainda, como consequência das deficiências que os manuais didáticos frequentemente apresentam sob este aspecto, tanto em termos qualitativos, como quantitativos. Trata-se, na maioria das vezes, de material de péssima qualidade, onde se privilegiam os aspectos pseudorrenovadores, com forte apelo aos recursos visuais, fruto dos "ismos" do momento atual: imediatismo, consumismo etc. Na ânsia de destacar aquilo que vem comumente rotulado como "Estudo Dirigido", "Exercícios" e "Parte Prática" esses manuais frequentemente trazem poucas informações, nem sempre as mais relevantes.[16]

---

15. Trata-se de dois conceitos — autoaprendizagem e educação permanente — indissociáveis e que não podem ser ignorados em quaisquer propostas ou projetos voltados para a Educação, no momento atual. No entanto, uma série de modismos já vieram a impregná-los, tornando-se necessário, antes de mais nada, revê-los criticamente. Veja-se, de E. FAURE. *Aprender a ser.* Lisboa, 1974.

16. Gilberto Luís de Azevedo Borges, analisando 2.503 questões, 394 atividades práticas e 7.119 exercícios constantes dos 56 livros e 16 cadernos de exercícios de Ciências mais vendidos no Estado de São Paulo, concluiu que na maioria absoluta dos casos, ao lado da memorização extremamente enfatizada, são muito raras as oportunidades dadas aos alunos para que esses coletem dados, elaborem conclusões e envolvam-se na proposição de problemas e no levantamento de hipóteses. Veja-se desse autor: *Utilização do método científico em livros didáticos de Ciências para o 1º grau.* Tese (Mestrado) — Faculdade de Educação/Unicamp, 1982.

2.3 Procedimentos

O exemplo relatado e as considerações anteriores sugerem a necessidade de se substituir a situação conhecida como aula — "o professor 'dador' de aulas", "dar matéria, pura e simplesmente", isto é, a "educação bancária" por excelência,[17] por sessões de estado.

No entanto, isto implica em que professores e alunos tenham problemas a resolver, recorrendo para tanto aos conteúdos das várias disciplinas. Problemas reais, que desafiem a inteligência e não "probleminhas" irrelevantes, para cujas soluções não se exige mais que memorização e a aplicação mecânica de conhecimentos. A busca das respostas a esses problemas, além de dar sentido aos conteúdos, facilita sua abordagem interdisciplinar.

A aplicação desta ideia ao caso-exemplo que vem sendo objeto de referência ao longo deste trabalho, implicaria em problematizar o tema que seria desenvolvido em classe, isto é, "A ocupação atual do território americano — o crescimento demográfico".

Eis algumas das questões que o mesmo sugere, envolvendo desde simples comparações de dados demográficos

---

Convém destacar ainda os seguintes trabalhos desenvolvidos recentemente, fruto de pesquisas bastante exaustivas sobre livros didáticos — de Décio Pacheco: *Análise dos exercícios propostos nos livros didáticos de Física adotados nas escolas de segundo grau de Campinas*. Tese (Mestrado) — FE/Unicamp, 1979; de Roseli Pacheco Schnetzler: *O tratamento do conhecimento químico em livros didáticos brasileiros para o ensino secundário de química, de 1875 a 1978*. Tese (Mestrado) — FE/Unicamp, 1980; de Hilário Fracalanza: *O conceito de Ciência veiculado por atuais livros didáticos de Biologia*. Tese (Mestrado) — FE/Unicamp, 1982.

17. A expressão "Educação Bancária", evidentemente, tem aqui o sentido que lhe é atribuído por Paulo Freire, ao longo de toda a sua obra.

até a abordagem de conteúdos ligados à Antropologia, à Economia e à Sociologia, sem descartar a possibilidade de discussão de problemas de ordem axiológica: Que fatores teriam levado à explosão demográfica em determinadas áreas do continente americano e não em outras? O ritmo de crescimento populacional latino-americano é fator determinante de sua atual situação econômica e política no mundo contemporâneo? As nações hoje desenvolvidas já teriam tido também seus momentos de "picos", isto é, de grande crescimento populacional? Quando estes teriam ocorrido? Que peso poderá ter, nas relações entre o chamado Mundo Desenvolvido e o Terceiro Mundo, o fato da população deste crescer em ritmo muito superior ao daquele?

Evidentemente, não estou esperando que um grupo de alunos que se encontre nas condições já referidas anteriormente, venha a formular perguntas utilizando-se desta terminologia e, menos ainda, que os professores as formulem nestes termos para os seus alunos. Estou apenas procurando explicitar as várias e ricas possibilidades que um tema aparentemente pobre pode oferecer. Em se tratando do exemplo relatado, a problematização poderia se iniciar a partir do próprio município, abrindo-se um leque para áreas cada vez mais amplas.

A problematização da realidade resulta num desafio à inteligência de professores e alunos e é isto o que importa, afinal. Dela decorre um processo de busca de soluções, que envolve desde a consulta a livros didáticos e manuseio de dados bastante simples, até a testagem de hipóteses e elaboração de sínteses.

Esta *busca* é importante. É o processo que importa. Um processo em que a autoridade do professor não advém do fato de ele ter respostas para tudo e muito menos *a* resposta, mas sim de ele ter uma base sólida — em termos de formação específica e de cultura geral — e principalmente uma postura que o dignifica no sentido de ser absolutamente sério nesta busca, de se aplicar intensamente nela. Em outros termos, sua autoridade decorre do respeito por ele ser um indivíduo aberto para a vida e não por ele ser alguém pronto, acabado.

Proceder desta forma significa caminhar em direção a uma situação que me parece ser a mais satisfatória didaticamente. A mesma poderia ser assim caracterizada:

"Professor e alunos trabalhando juntos, na solução de problemas extraídos da realidade sociocultural".

Uma situação de ensino e aprendizagem assim definida, certamente se aproxima bastante daquilo que Bruner considera como essencial para a atividade intelectual:

> "Ao estudar física, o aluno é um físico; é mais fácil aprender física comportando-se como um físico, do que fazendo qualquer outra coisa". (...) "discussões em classe e compêndios em que se fala de conclusões em um campo de investigação intelectual, ao invés de concentrar-se na própria investigação. Assim encarada, a física na escola secundária, frequentemente, muito pouco se parece com física; os estudos sociais veem-se desligados dos problemas da vida e da sociedade, como são ordinariamente discutidos; e a matemática escolar muito frequentemente perde contacto com o que está no âmago do assunto, a ideia de ordem". (Bruner, 1973, p. 13)

É difícil agir desta maneira? Acho que não. Difícil, dificílimo, é compreender como é possível que o ensino transcorra tão monotonamente, quer ao longo do 1º e do 2º graus — exclusivamente livresco e repetitivo — quer no nível de

3º grau — através de seminários absolutamente insossos — quando há tanto problemas emergentes a nos desafiar e quando é tão fácil perceber que os mesmos são passíveis de exploração, sob os mais variados ângulos.

Apenas a título de exemplos: 1. "O aumento do dióxido de carbono (CO_2) na atmosfera — 315 partículas por milhão, em 1957 e 338 por milhão em 1980 — podendo dar como consequência o 'efeito estufa', isto é, uma ameaça à própria vida no planeta". Trata-se de fato atual, que poderia dinamizar o trabalho a ser desenvolvido em Química, Física e Biologia; 2. "A aplicação de sofisticada tecnologia — com ênfase em processos de automação — em países do Terceiro Mundo e suas consequências econômicas e sociais." Também um fato atual, com amplas possibilidades de exploração na Área de Humanas — Geografia, História, Sociologia, Filosofia, sem que se deixe de recorrer à Área de Exatas.

A ênfase neste tipo de procedimento, convém recordar, vem responder às exigências de um processo que tem no ESTUDO sua característica fundamental.

Uma boa maneira para o Supervisor testar a que distância sua escola se encontra desta situação, consiste em observar o modo segundo o qual os alunos se expressam em relação às aulas. Por exemplo, quando os alunos que tenham faltado às aulas num determinado dia, perguntarem aos colegas no dia seguinte:

— "O que foi que o professor X deu ontem?" É sinal de que a meta ainda está longe.

Quando começarem a perguntar:

— "O que vocês fizeram ontem?" Ou: — "O que vocês estudaram ontem?" É sinal de que as coisas já começaram a melhorar.

2.4 A avaliação

Das considerações anteriores decorre uma série de conclusões sobre a avaliação. Vou tentar sintetizá-las, atendo-me ao que me parece absolutamente essencial, uma vez que se trata de tema bastante amplo, justificando não apenas um tópico a respeito, mas todo um trabalho específico.

A maioria dos Supervisores certamente já teve a oportunidade de observar que em grande parte dos casos em que os professores apelam para os especialistas em Metodologia de Ensino, no sentido de que lhes seja dada orientação para seu trabalho docente, eles o fazem externando sua preocupação, principalmente em função de problemas de avaliação. Geralmente não se mostram satisfeitos com os meios utilizados, que redundam, quer em elevadas taxas de reprovação, quer em "notas" muito altas, concedidas a alunos considerados por eles mesmos como desinteressados, incapazes etc. Os demais problemas parecem não existir, ou, pelo menos, não constituem motivo de preocupação imediata. No entanto, é sempre fácil constatar que aquilo que se manifesta nesta área é apenas a ponta de um *iceberg* que contém problemas de toda ordem, inclusive, é claro, de avaliação. Os desencontros observados nesta área refletem problemas bem mais amplos, dos quais o mais gritante é a falta de percepção sobre o papel do próprio professor enquanto profissional da Educação. A imprecisão na definição de objetivos para seus cursos e programas, daí decorrentes, acaba forçosamente gerando verdadeira confusão que tem lugar ao longo de todo o trabalho, mas que "aparece mais" — apenas isto — na área da avaliação.

Não é necessário exigir que professores sobrecarregados de horas-aula para sobreviver, se vejam obrigados a elaborar suas provas de maneira tal que as questões propostas venham a cobrir cada uma das categorias e subcategorias propostas nas taxionomias de objetivos educacionais. Não é adequado propor que a avaliação seja feita mediante a observação individual de comportamentos, quando se tem mais de 40 alunos em sala de aula e quando se sabe que estas mais se assemelham a sessões corridas de cinema que a um trabalho efetivo, bem dosado e equilibrado.

Eu acredito que se o trabalho se concentrar nos pontos já levantados anteriormente, os problemas de avaliação tendem a ser resolvidos naturalmente. Isto não significa que seja desnecessária qualquer orientação aos professores neste sentido, mas sim, que esta poderá se restringir ao essencial: como avaliar os alunos, de maneira que os resultados obtidos possam, acima de tudo, servir para que os professores repensem seu próprio trabalho, corrigindo-o naquilo que for necessário e mantendo os procedimentos que vêm se mostrando satisfatórios. Em outros termos: como avaliar a aprendizagem de seus alunos, de maneira que, concomitantemente, seu ensino também seja avaliado.[18] Como elaborar instrumentos de avaliação de maneira que estes constituam parte integrante de um processo educativo que, em termos didáticos, reflita pelo menos parte das preocupações até aqui externadas.

Em relação ao exemplo que vem sendo discutido, ao longo deste trabalho, as questões que eventualmente constassem de uma "prova de avaliação" deveriam dizer respei-

---

18. A propósito destes dois conceitos — ensino e aprendizagem — veja-se de Eduardo Oscar de Campos Chaves: "A filosofia da educação e a análise de conceitos educacionais". In: *Iniciação teórica e prática às ciências da educação.* Petrópolis: Vozes, 1979. p. 111-140. Veja-se também, de Ischeffler: *A linguagem da educação.* São Paulo: Edusp, 1974.

to, predominantemente, à seriação de dados, à compreensão de textos, à interpretação e elaboração de gráficos.

3. Conclusão

Ao elaborar o presente trabalho, optei por tomar como ponto de referência um determinado exemplo — "caso demonstração" — que teve lugar numa 1ª série do 2º grau. A partir do mesmo, foram sendo explicitadas algumas considerações, orientadas sobretudo para a revisão de determinados conceitos, julgados importantes para a Didática.

Numa tentativa de proporcionar certo encaminhamento à ação supervisora, gostaria de propor as seguintes orientações para fins de discussão por parte dos Supervisores:

1. É muito importante que os Supervisores participem do trabalho de seus professores: que estejam presentes às salas de aulas, que discutam com eles os aspectos observados e que o façam em função daquilo que ambos entendem por Educação. Para isto, o Supervisor deve encontrar tempo. Quanto mais ele o "roubar" de suas atividades burocráticas, tanto melhor, para ele e para os professores.
2. A Psicologia tem muito a oferecer ao Supervisor na orientação metodológica junto aos professores. No entanto, é importante que ele não venha, jamais, a "psicologizar" seu trabalho. Em vez de falar sobre Piaget, Bruner etc., importa que ele aja, que viva no trabalho do dia a dia — ao elaborar "baterias" de estudo dirigido junto aos professores, por exemplo — os pressupostos desses autores, no momento em que os julgar importantes.

3. Da mesma forma, se a Sociologia lhe é de importância fundamental, que não se deixe pegar por outro modismo — o "sociologismo". Em vez de se utilizar de todo um linguajar carregado de jargões — o "sociologês" — é importante refletir e incentivar a reflexão sobre aquilo que se passa nas salas de aula — os problemas didáticos — tendo como referência a problemática educacional mais ampla e o contexto social, econômico, político e cultural em que a mesma se insere.
4. É importante que o Supervisor se prepare para o diálogo aberto, franco e leal com os professores que eventualmente formem sua equipe de trabalho. Para que isso ocorra, é importante que o Supervisor, além de sua formação pedagógica — condição necessária mas não suficiente — adquira conhecimentos mínimos essenciais sobre as disciplinas que compõem os currículos de 2º grau. A aquisição deste conhecimento permitiria aos Supervisores receptivos à ideia de que precisam se reciclar permanentemente um progresso praticamente ilimitado, concretizado a partir da exploração daquilo que lhes é oferecido pelos vários campos de conhecimento: Ciências — Exatas, Humanas e Biológicas — Letras e Artes.

Este mínimo pode ser definido como as estruturas e princípios gerais dessas disciplinas, conforme já me referi anteriormente, ao discorrer sobre conteúdos.[19]

---

19. Vejamos como isto se aplica às Ciências Exatas e às Ciências Humanas, tomando como exemplos duas disciplinas: Física e Geografia, respectivamente. No primeiro caso, trata-se de compreender o significado das múltiplas relações entre Espaço, Tempo e Matéria (estrutura fundamental), bem como dos princípios de

Não se trata, de modo algum, de se propor a formação de um "Supervisor Enciclopédico" e nem tampouco deve substituir a ausência de conhecimentos sobre estes campos, por algumas pinceladas de conteúdos sobre esta ou aquela disciplina. Estou defendendo a ideia de que ele deve dominar a essência, os fundamentos dessas disciplinas, de maneira tal que lhe permita a realização de um trabalho isento de apelos a comportamentos de fuga, quer sob a forma de excessiva humildade, quer sob a forma de aparente arrogância.

Onde e como fazer isto?

De modo geral, em todas as nossas universidades, ao lado dos cursos de Pedagogia, com habilitação em Supervisão, bem como dos cursos de especialização e mestrado em Supervisão, funcionam cursos de Matemática, Física, Química, Biologia, História, Geografia e Letras, sob as modalidades de Bacharelado e de Licenciatura. Por que não montar programas dos quais participem tanto profissionais desses institutos (ou faculdades), como docentes das próprias faculdades (ou centros) de Educação, orientados no sentido de se proporcionar esses subsídios para os Supervisores? Evidentemente, tal trabalho só teria sentido se planejado em função dos objetivos que se pretende alcançar e não viezado, no sentido de se pretender fazer dos Supervisores, pseudoprofessores de História, Química etc.

Embora o presente trabalho se restrinja aos aspectos didáticos da Supervisão, o mesmo sugere que a tarefa do Supervisor é imensa e que seu aprendizado jamais terá fim.

---

causalidade, realidade, simetria, espaço e tempo (estrutura, a nível de pensamento). No segundo caso, trata-se de compreender o significado, para a Geografia, de Espaço (estrutura fundamental) e dos princípios que norteiam todo o trabalho nesta Ciência: extensão, analogia e causalidade.

Felizmente, é assim mesmo. Na medida em que a Supervisão consiste, praticamente, na educação permanente dos educadores,[20] o Supervisor não poderia, jamais, se manter fora deste processo de constante crescimento. Este fato não deve ser entendido como uma carga, um tributo a pagar, mas sim como um desafio. Aceitá-lo, significa estar aberto: para a aquisição de novos conhecimentos, para a mudança, para o mundo, para a vida. Não é esta, por sinal, a própria condição do Educador?

Referências bibliográficas

BALZAN, N. C. Sete Asserções inaceitáveis sobre a inovação educacional. In: *Educação & Sociedade*, São Paulo: Autores Associados/ Cortez, n. 6, jun. 1980.

______. O pedagogo e a didática. In: ______. *Iniciação teórica e prática às ciências da educação.* Petrópolis: Vozes, 1979.

______. Perfil do supervisor necessário. In: *Cadernos Cedes*, São Paulo, Cortez/Cedes, ago. 1982.

BORGES, G. L. A. *Utilização do método científico em livros didáticos de Ciências para o 1º grau*. Tese (Mestrado) — Faculdade de Educação/ Unicamp, 1982.

BOULOS, Y. *Construção de tem instrumento para medida da valorização do papel de professor planejador*. Tese (Mestrado) — PUC-SP, São Paulo, 1977.

---

20. Esta ideia — Supervisão como educação permanente dos educadores — tem norteado meus últimos programas de "Teorias de Supervisão", disciplina desenvolvida a nível de pós-graduação. No entanto, é importante adiantar que a mesma deve ser amplamente discutida, sob pena de se transfigurar, rapidamente, em apenas mais um modismo.

BOULOS, Y. Integração de matérias e unidade didática. In: *Educação Hoje*, São Paulo, Brasiliense, n. 1, 1968.

BRASIL. Secretaria de Planejamento da Presidência da República, Fundação Instituto Brasileiro de Geografia e Estatística. *Pesquisa Nacional por Amostra de Domicílios*, 1979.

______. Secretaria de Planejamento da Presidência da República, Fundação Instituto Brasileiro de Geografia e Estatística. *Anuário Estatístico do Brasil*, 1978.

BRUNER, J. S. *Beyond the information give*. London: Goege Allen S. Unwin, 1973.

______. *O processo da educação*. São Paulo: Nacional, 1973. p. 13.

CASTRO, A. D. de. *Redefinição da didática*. São Paulo: Faculdade de Educação/USP, 1974.

CHAVES, E. O. C. A filosofia da educação e a análise de conceitos educacionais. In: ______. *Iniciação teórica e prática às ciências da educação*. Petrópolis: Vozes, 1979.

FAURE, E. *Aprender a ser*. Lisboa: Bertrand & Bertrand, 1974.

FRACALANZA, H. *O conceito de ciência veiculado por atuais livros didáticos de biologia*. Tese (Mestrado) — Faculdade de Educação, 1982.

FRIEDMANN, J. Êtude et pratique de la planification. In: *Revue Internationale des Sciences Sociales*, Paris, v. XI, n. 3, 1959.

FURTER, P. Les deboires de la planification de l'Éducation en Amerique Latine et les éspoirs de l'éducation permanente. *Archives de Sociologie de la Cooperation et du Dévelopment*, n. 24, p. 16-17, jul. 1968.

HOFLING, E. de M. *A concepção de cidadania veiculada em livros didáticos de Estudos Sociais de primeiro grau*. Tese (Mestrado) — Campinas, Faculdade de Educação/Unicamp, 1981.

HUTCHINSON, B. *Mobilidade e Trabalho*. Rio de Janeiro: MEC/Inep/Centro de Pesquisas Educacionais, 1960.

MANNHEIM, K. *Liberdade, poder e planificação democrática*. São Paulo: Mestre Jou, 1872.

MELLO, G. N. de. Fatores intraescolares como mecanismo de seletividade no ensino de 1° grau. *Educação e Sociedade*, São Paulo: Cortez, n. 2, jan. 1979.

NASSIF, L. A. de L. *O conceito de ciência veiculado por materiais didáticos — uma análise do curso de física do PSSC*. Tese (Mestrado) — PUC/SP, São Paulo, 1976.

MOREIRA, I. A. G. *Geografia da América*. São Paulo: Ática, 1980.

NUTHALL, G.; SNOOK, I. Contemporary Models of teaching. In: TRAVERS, R. M. *Second handbook of research on teaching*. Copyright by the American Educational Research Association, s/d.

PACHECO, D. *Análise dos exercícios propostos nos livros didáticos de física adotados nas escolas de segundo grau de Campinas*. Tese (Mestrado) — Campinas, Faculdade de Educação, Universidade Estadual de Campinas (Unicamp), 1979. (Mimeo.)

POSNER, G. J.; KENNETH, S. Um esquema de categorias para princípios que regem a sequência de conteúdos. *Review of Educational Research*, v. XVI, n. 4, 1976, s/d. Tradução e resumo de CASTRO, A. D., Faculdade de Educação/Unicamp, 1980.

RONCA, A. C. C. O modelo de ensino de David Ausubel. *Psicologia e Ensino*. São Paulo: Papelivros, 1980.

______. *O efeito dos organizadores prévios na aprendizagem significativa de textos didáticos*. Tese (Mestrado) — PUC-SP, São Paulo, 1976.

RONCA, P. A. C. *O estudo dirigido*. São Paulo: Autores Associados/Cortez, 1982,

SCHEFFLER, I. *A linguagem da educação*. São Paulo: Saraiva, 1974.

SCHNETZLER, R. P. *O tratamento do conhecimento químico em livros didáticos brasileiros para o ensino secundário de química, de 1875 a 1978.* Tese (Mestrado) — Campinas, Faculdade de Educação, Universidade Estadual de Campinas (Unicamp). 1980. (Mimeo.)

SILVA, T. Roserley N. da. Projeto "Educação e Desenvolvimento Social", Subprojeto 4 — *Orientação curricular e atuação de professor — uma avaliação crítica.* São Paulo: Fundação Carlos Chagas, Departamento de Pesquisas Educacionais, 1981.

SKINNER. B. F. *Tecnologia do ensino*. São Paulo: EPU/Edusp, 1975.

A prática da supervisão

Maria Violeta Villas Boas

Qualquer reflexão sobre a prática da Supervisão partirá forçosamente de sua conceituação e da consideração de seus objetivos — o porquê ou o para que supervisionar. Só então o pensamento se deterá na análise do como fazê-la.

Mais do que em qualquer outro domínio da atividade humana, a Supervisão em Educação se apresenta como um instrumento vital de controle da qualidade do produto no que este conceito tem de mais nobre. Por outras palavras, ela deve ser entendida como o ver crítico, construtivo, vitalizador das ações educativas colocadas a serviço dos indivíduos e dos grupos, tendo-se em vista seu desenvolvimento e transformação para melhor.

Cabe-lhe, dessa forma, a tarefa magna de, planejando, acompanhando, avaliando e aperfeiçoando oportunamente o curso de tais ações, garantir a eficiência do processo educacional e a eficácia de seus resultados.

Impõe-se, pois, nunca perder de vista esses alcances, com tudo o que eles comportam em termos de postulados básicos, diretrizes de ação e procedimentos operacionais. Convém, também, ter sempre presente que todos os que participam do ato educativo, quer na qualidade de sujeitos vivenciando diretamente as experiências de aprendizagem, quer na condição de agentes orientadores desse ato, devem estar integralmente envolvidos, em estado de "alerta", dando-se por inteiro, sem o que o resultado final será pobre, inexploradas que terão sido, de um lado, as potencialidades das situações oferecidas pelo currículo, pouco mobilizadas que foram, de outro, as energias vitais dos participantes do processo.

O teor de envolvimento vital de professores e estudantes responde, em grande parte, pela qualidade de seus respectivos desempenhos e dos resultados finais alcançados. É, sobretudo, com o desempenho dos professores, com o nível de sua produção, com a riqueza de sua contribuição, que tem a ver a Supervisão Educacional.

Isso implica dizer que, ao pensar-se em operacionalizá-la, temos que estar atentos para o fato de que o conjunto de procedimentos postos em marcha pela Supervisão incide sobre pessoas que vivenciam o trabalho educativo.

Não temos dúvida em afirmar que seu sucesso depende, em boa proporção, do relacionamento que se estabelece entre supervisores e supervisionados. Aprofundando, é no respeito à personalidade do companheiro de trabalho, na justa valorização não só da sua produção mas do empenho com que a ela se aplica, no suporte oferecido no momento necessário, em seu envolvimento nas ações como pessoa e educador, em resumo, na criação de um clima ao mesmo tempo de empatia, segurança e estimulação, que repousa o êxito do comportamento supervisório.

Por tudo isso, a prática da Supervisão exige, de parte do supervisor, uma constante avaliação crítica de seu próprio desempenho e um esforço continuado de aperfeiçoamento como técnico, mas, especialmente, como pessoa. Para isso, deverá cultivar um maior grau de efeito interativo, condição de mobilização da energia dos professores no sentido dos objetivos educacionais perseguidos.

Indispensável se faz o exercício de liderança efetiva com os seus aspectos humanos e técnicos, bem como de comunicação clara e sequente em termos individuais e grupais, essenciais ao entendimento e execução correta de ações no plano operacional e à criação e manutenção de relacionamento equilibrado e agradável, livre de distorções e conflitos.

Muito haveria ainda a ver no tocante ao relacionamento humano na supervisão, sobretudo sob o ângulo preventivo.

Estamos, porém, com Brown que nela vê uma sucessão de estudos de caso que não dizem apenas com pessoas mas, também, têm a ver com ângulos técnicos, administrativos etc.

Dessa forma, pensar a prática da supervisão é, sobretudo, examiná-la nas grandes funções em que se desdobra. É analisá-la desde o planejamento do currículo, precedido de adequada diagnose, ao acompanhamento de sua execução, com tudo que representa de orientação e controle, à sua avaliação em termos de apreciação crítica, e ao seu aperfeiçoamento, considerados os recursos humanos, materiais e técnicos empenhados.

Por suas implicações na dinâmica do processo educativo e por seus reflexos na produção final, cada uma dessas funções, meramente segmentadas para fins didáticos, mereceriam um exame aprofundado.

Não seria este o momento oportuno. Importa aqui enfatizar, à guisa de alerta, alguns aspectos que não podem ser esquecidos sem risco de comprometer-se a consecução dos objetivos identificados como válidos e que deram origem à proposta educacional no âmbito escolar.

Inicialmente, ressaltaremos a importância de que todo o trabalho se apoie em postulados filosóficos conscientemente assumidos e diretrizes científicas consensuadas que permeiem todas as fases do processo, da fixação de objetivos à saída. Sem isso, a carta de intenção, na qual em muitos casos se configura o planejamento, deixará de se concretizar na "práxis" diária, esvaziando-se dos valores éticos e do saber científico que garantiriam a qualidade do produto educacional.

Um segundo aspecto que merece atenção é o espírito de coparticipação que deve presidir a todo o trabalho, desde os levantamentos diagnósticos que instrumentam o planejamento das atividades curriculares, intra ou extra-ambiente escolar, às ações realimentadoras do sistema, empreendidas com apoio em dados levantados à saída ou mesmo pós-saída do processo.

Um terceiro elemento a ser considerado é o fato de que a mesma articulação a ser preservada entre os componentes do subsistema educacional — direção, equipes técnicas, docentes, discentes e administrativas, deve presidir ao relacionamento que cada vez se mostra mais imperativo entre a Escola de qualquer nível ou destinação específica e o sistema social, em particular os subsistemas integrantes da comunidade em que ela está inserida.

Finalmente, com a adequação da Escola ao contexto, sempre se impôs seu ajustamento ao tempo, ao momento histórico e cultural.

Hoje, em que a mudança é, talvez, a única constante, urge que ela se mostre aberta, flexível, receptiva às inovações e às transformações no plano social, científico e tecnológico. A flexibilidade, a abertura, o sentido da atualização e da renovação devem estar presentes nos planos e na prática educativa. Compete à supervisão zelar, por todos os meios, para que assim seja.

Tudo isso deverá ser levado em conta no planejamento dos currículos e na dinâmica das atividades escolares, mas, voltamos a insistir, não podem ser apenas convencionados, têm que "acontecer" e é aí que se situa a grande importância do acompanhamento da operacionalização do currículo, com o que isso implica de orientação, coordenação e controle.

E isso ocorre no dia a dia do trabalho escolar, o que significa dizer que toda uma série de atividades deverão aproximar supervisores, coordenadores e professores, em situação de observação, análise de casos e estudo de temas, em entrevistas e reuniões, exigindo um exercício ao mesmo tempo de disciplina, de inteligência, de *know-how* técnico, mas sobretudo de inter-relacionamento humano, em que a seriedade de propósitos e a respeito ao outro sejam as grandes tônicas.

É no desempenho das tarefas inerentes à coordenação e ao acompanhamento que talvez melhor se aquilate a qualidade do comportamento supervisório. Por isso mesmo, nunca será demais enfatizar a importância dessa função para a criação e manutenção de um bom nível de ensino, entendido este como a orientação da aprendizagem vivenciada essencialmente pelos sujeitos do processo.

A ela serão devidas a identificação de quaisquer inadequações constantes do planejamento inicial ou a inviabilidade de ações propostas, bem como indicações sobre medidas não previstas e impostas pela realidade operacional. Em resumo, alertará em tempo oportuno sobre alterações a introduzir nos planos, no tocante a recursos humanos materiais e técnicos, sobre soluções a inovar para problemas sobrevindos no curso da ação, resultantes muitas delas da própria dinâmica do currículo, uma vez este posto em marcha.

Outrossim, é ela a viabilizadora da orientação dos professores nos reajustamentos adequados, no momento previsto, prevenindo o prolongamento de estado de coisas insatisfatório com reflexos às vezes de longo alcance e a longo prazo. A propósito, diríamos que, se ações corretas têm um valor cumulativo que cresce em proporção aritmética, as decisões inadequadas, as providências incorretas, sobretudo as que atingem pessoas, se avolumam nos seus efeitos por vezes em proporção geométrica.

Deve ressaltar-se, ainda, que a coordenação e o acompanhamento da execução são, por excelência, os mecanismos implementadores da articulação entre os diversos componentes das equipes técnica docente e administrativa que estão a serviço do processo educacional, zelando pela unidade e continuidade, essenciais à criação de um clima educativo.

Afigura-se-nos oportuno reafirmar aqui o entendimento da função da educação como agente de desenvolvimento e transformação dos indivíduos e dos grupos, e não como instrumento de conformação pela simples transmissão de valores éticos e culturais e do saber científico e tecnológico.

Esse processo, embora direcionado ao corpo discente, tem efeito assemelhado sobre o corpo docente, no sentido do crescimento pessoal de seus componentes, envolvidos que estão também no ato educativo, como orientadores da aprendizagem.

Para esse desenvolvimento muito contribuem as ações de coordenação e orientação quando exercidas de forma a que sejam atingidas, de fato, as pessoas, porque coparticipam dessas ações, mobilizadas que foram suas energias vitais.

Nesse particular, merece registro o grande alcance da aplicação do "método clínico" (Goldenhelmer) em supervisão, pelo que enseja de autoconhecimento, não só de parte dos professores, mas dos próprios supervisores, analistas e críticos de seus respectivos desempenhos. A inviabilidade de seu emprego na íntegra, entre nós, não impede que suas linhas básicas sejam observadas nos procedimentos de auto e heteroavaliação.

A riqueza imensa, em termos de melhoria das ações educativas e do aperfeiçoamento dos recursos humanos, oferecida pelas atividades de coordenação e orientação no decorrer do processo, dificilmente se esgotaria numa reflexão que deve ainda incidir sobre uma nova função da Supervisão e Avaliação, função igualmente importante do domínio da Educação, mas ainda tão insatisfatoriamente operacionalizada no dia a dia do ensino.

No entanto, quanto se pouparia de desperdício de tempo e de recursos, de desgaste físico, intelectual e emocional, se já tivessem sido apropriados pelos educadores mecanismos adequados de avaliação ou, o que é mais importante ainda, já se tivesse aprofundado o significado do ato de avaliar, dissociado do julgamento superficial de umas pessoas por outras. E sobretudo se já tivessem sido conferidos um sentido e um objetivo mais profundo ao ato de avaliar em educação, tal como o conhecimento do grau de desenvolvimento atingido pelo indivíduo, do nível de maturidade alcançado, da agudização de seu "estado de alerta", segundo a teoria Ramain (Gilbert), face à oportunidade de aprendizagem, a situações de trabalho ou de lazer, ao ato de viver em síntese.

Há, por isso mesmo, que estar-se atento ao para que, o quê e como avaliar, o como foram, à entrada do processo educativo, identificados os objetivos a serem perseguidos pelo currículo ou oferta educativa em geral. E, também, há que buscar-se a compatibilização entre os primeiros e segundos. Como, outrossim, ter-se-á cautela em não fragmentar tais objetivos a ponto de dissecá-los e retirar-lhes qualquer sentido último, visto que o ser humano é uma globalidade e a análise em que se dissociam seus componentes físicos, intelectuais e emocionais com fins didáticos arrisca a comprometer a apreciação do ser integral.

Assim, a par de estudos teóricos que sirvam de referencial a posicionamento mais científico no campo educacional, considerados os produtos e subprodutos, imediatos e de efeito a longo prazo, das situações de aprendizagem, necessário se faz identificar mecanismos e instrumentos de avaliação mais científicos.

Por outro lado, de pouca validade se mostra qualquer avaliação durante ou à saída do processo educacional, se se limita a mera constatação de um estado de coisas. Se isso já fornece alguns indicadores para o prosseguimento das propostas de aprendizagem quando os resultados se situam numa faixa média, não são suficientes quando se posicionam abaixo, sem explicação plausível, ou refletem interferências ou distorções sem razão imediata aparente.

Incide-se, então, em uma das lacunas mais sérias no processo educacional e para cuja superação a Supervisão muito deve contribuir — a ausência de análise diagnóstica das causas que interferem na aprendizagem do educando: originárias do contexto ou intrínsecas do próprio indivíduo, se localizadas predominantemente na área afetiva, intelectiva ou motora, se no plano dos valores, do conhecimento ou dos hábitos etc.

Tal é a importância da diagnose que ela chega a ser considerada por alguns autores, entre os quais Hicks, como uma função supervisória. Sem dúvida, ela é de extrema importância, tendo-se em vista a já mencionada progressão cumulativa das lacunas e distorções, com reflexos de longo alcance sobre desempenhos do indivíduo em situação de aprendizagem e de vida.

Infelizmente é frequente perder-se de vista que não se mede por medir mas sim para sanar, corrigir, suprir e superar dúvidas, falhas de percepção, lacunas, inseguranças.

A função Avaliação está, pois, a merecer uma atenção especial, não só por parte dos professores, mas no que diz com a melhoria de sua operacionalização *lato sensu*, por parte da Supervisão.

Esta seria, entre outras, uma tarefa que recairia na função Aperfeiçoamento ainda não analisada e sobre a qual mister se faz dizer algo, uma vez que o fim último da Supervisão é contribuir para a melhoria do processo educacional, no âmbito do sistema de ensino ou em suas unidades operacionais, as Escolas.

Esse aperfeiçoamento, explicitado de forma bastante clara no que diz com o desenvolvimento de Recursos Humanos, e indiretamente refletindo-se na melhoria do ensino deve, todavia, alcançar, também, de forma direta o processo educacional em si.

Por isso mesmo, além de iniciativas específicas de treinamento das equipes técnicas e dos professores, todos os momentos do processo supervisório devem ter como objetivo constante, embora oculto, o desenvolvimento dos componentes dessas equipes nos seus aspectos técnicos e humanos, como profissionais da educação e como pessoas. Por outras palavras, todas as discussões, análises conjuntas, estudos individuais, quer na oportunidade do planejamento, da execução ou da avaliação, devem ser vistos como "chances" de enriquecimento e amadurecimento pessoal. É responsabilidade da Supervisão promover condições que contribuam para esse fim.

Isto não dispensa, todavia, a previsão de programas específicos para o treinamento dos recursos humanos empenhados no desenvolvimento do currículo, medida essa de extrema importância nos dias atuais, em que se vê na Educação Permanente a grande arma contra a defasagem e a desatualização cultural, científica e tecnológica.

O envolvimento desses recursos na realização de estudos para identificação de referênciais teóricos ou em experiências que incidam sobre o currículo, problemática do corpo discente ou condicionamentos de natureza variada, é outro procedimento a ser implementado pela Supervisão.

Só assim será alcançado o objetivo final por ela perseguido: a melhoria do processo educativo que, hoje, para corresponder às mudanças constantes do contexto, deve ser flexível e sujeito a reformulações, como flexíveis, abertos e receptivos à inovação devem ser todos aqueles que nele atuam.

As reflexões citadas anteriormente são algumas dentre as muitas que podem ocorrer quando "se pensa a prática da Supervisão".

Uma última, todavia, merece ser feita, por seus reflexos no processo educacional: a Supervisão é uma atividade essencialmente cooperativa. Não basta que se preveja a articulação de ações. Isso de nada valerá se as pessoas a quem estas ações estão confiadas não se articularem também, porque é dividindo tarefas por todos e somando os esforços de cada um que se diminui o dispêndio de energias e se multiplica o resultado final. Esta é, acreditamos, a fórmula que viabiliza a prática efetiva da Supervisão em Educação.

Referências bibliográficas

BROWN, Bill Wesley. *Casebook in Administration and Supervision in Industrial-Technical Education*. Chicago: American Tecnical Society, 1970.

GOLDENHEIMER, Robert. *Clinical supervision*. New York: Holt Reinhart and Winston Inc., 1969.

GILBERT, Louis-François. Formation, Education et Processus Glaubaux, article. Paris, *Revue Pédagogique*, n. 1-2, 1963.

HICKS, Hanne J. *Educational supervision in principle and pratice*. New York: The Ronald Press, 1960.

Supervisão:

um exercício de democracia ou de autoritarismo?

Heloísa Cardoso

"Um Vizir em Desgraça

Um sultão tinha um vizir (primeiro-ministro) que aumentava dia a dia o número de seus inimigos pelo seu apego à justiça e pela sua capacidade e retidão. Seus caluniadores o acusavam de crimes imaginários e incitavam o sultão contra ele, e este acabou condenando-o à morte.

O sultão possuía dez cães ferozes, aos quais jogava os condenados, garroteados, para que os rasgassem e despedaçassem.

Condenado, o vizir solicitou ao sultão um prazo de dez dias para que pudesse pagar suas dívidas, recuperar seus créditos, devolver aos depositantes o que lhe confiaram e partilhar seus bens entre os membros de sua família.

O sultão concordou, após exigir garantias de que o condenado não fugiria.

O vizir apanhou cem moedas de ouro e foi ao monteiro-mor e disse-lhe:

— Deixa-me servir aos cães durante dez dias.

Confiaram-lhe os cães, que ele se pôs a servir da melhor maneira alimentando-os com as próprias mãos e acariciando-os, até que se acostumaram com ele e lhe manifestaram uma lealdade total.

No dia da execução, o sultão mandou ligotear o vizir e jogá-lo aos cães. Mas os cães reconheceram-no e começaram a girar em volta dele, brincando, sem lhe fazer mal algum. O sultão ficou estupefato e mandou comparecer o vizir à sua presença.

— Dize-me a verdade, pediu-lhe. O que houve para que esses cães se comportassem assim para contigo?

O vizir respondeu:

— Servi esses cães durante dez dias. O resultado foi o que o sultão viu. Servi-vos durante trinta anos. O resultado foi a minha condenação à morte na base das calúnias de meus inimigos.

O sultão envergonhou-se e presenteou o vizir com roupas cerimoniais, acalmou sua inquietude e livrou-lhe os que o haviam caluniado. O vizir tratou-os bem e devolveu-lhes a liberdade. (Consolação das almas)". (Challita, s/d.).[1]

Apesar de Morin (1965) considerar que a política se encontra em crise em todos os escalões, entendemos que o tema *Supervisão: um exercício de democracia ou de autoritarismo* tem:

a) como pano de fundo: uma *política* a explicar;

---

1. CHALLITA, Mansour. A *arte da política*. Rio de Janeiro: ACIGI, s/d., p. 205.

b) como quadro de referência: uma *burocracia* a superar;

c) como tarefa pedagógica: um sentido *libertário* a se reapropriar e

d) como problema prático: a proposta de novas *estratégias* na divisão do trabalho escolar.

1. O pano de fundo político

1. 1 O fato político: desacreditado ou revalorizado?

Para muitos a política "parece minada, esvaziada por dentro...: a administração, a técnica, a ciência com suas modalidades de operação e racionalização não estariam substituindo necessariamente a antiga arte da política? O próprio conhecimento de novos campos, mais amplos, da política não exigirá novas competências?... Se a política se acha em questão é porque toda a questão passa a ser política" (Morin, 1965).[2] E isto apesar da aversão ainda manifesta em certos intelectuais de não se macularem com a atividade política considerada corruptora e até degradante. Ora, as atividades em si são amorais: quem lhes empresta sua significância ética é o Homem. Este, sim, que em seu agir se impregna de corrupção ou retidão, de mesgrinhez ou de grandeza.

Mesmo porque todo ato que implica uma opção e supõe um valor tem um sentido político, ainda quando pretenda negá-lo: o apoliticismo é uma posição política que se define

2. MORIN, Edgar. *Política do homem*. Trad. Celso de Sylos. Rio de Janeiro: Forense, 1965. p. 10, 11, 41, 14, 114, 20.

pela omissão, pela negação, pela ausência de se assumir como tal, mas que nem por isto deixa de ser política.

Assim, a recuperação da dimensão política supõe uma superação da política, enquanto ciência, no quadro geral das ciências humanas e uma ultrapassagem das análises *soi-disant* neutras da educação brasileira.

Tragtenberg (1982),[3] Rodrigues (1982),[4] Paoli (1981),[5] Oliveira (1980),[6] para lembrar alguns dos mais recentes, são autores que vêm tentando fecundar o exame da situação educacional em nosso país com os aportes do enfoque político. Da revisão da literatura estrangeira, o autor redescoberto: Antonio Gramsci.

1.2 O fato político: algumas coordenadas

A dimensão planetária dos problemas atuais do homem exige abordagem pluridimensional em seu equacionamento. Morin (1965) fala das esferas "biopolíticas" do viver e do sobreviver, das esferas "ecopolíticas" e das esferas "sociopolíticas", onde inclui a educação, cultura e o tempo livre. Chega, assim, a uma ortonpolítica. Gramsci (1975),[7] em seus escritos

3. TRAGTENBERG, Maurício. *Sobre educação, política e sindicalismo*. São Paulo: Autores Associados/Cortez, 1982. p. 163. (Col. Teoria e Prática Sociais.)

4. RODRIGUES, Neidson. *Estado, educação e desenvolvimento econômico*. São Paulo: Autores Associados/Cortez, 1982. p. 158.

5. PAOLI, Niuvenius J. *Ideologia e hegemonia*. As condições de produção da educação. São Paulo: Autores Associados-Cortez, 1981. p. 193.

6. OLIVEIRA, Betty A. *O estado autoritário brasileiro e o ensino superior*. São Paulo: Autores Associados/Cortez, 1980. p. 111.

7. PAMPLONA, Marco Antonio V. A questão escolar e a hegemonia como relação pedagógica. In: *Cadernos do Cedes*, Educação e Política: Gramsci e o problema da hegemonia. São Paulo: Autores Associados/Cortez, n. 3, p. 2-30.

no período da 1ª Guerra Mundial recupera na crítica ao economicismo a relação estrutura superestrutura, onde a análise das relações de força, a questão do Estado aí embutida, subjaz no estudo da educação e da cultura, mediatizada pelo conceito de hegemonia. Althusser (1980),[8] tentando estabelecer a ponte entre os aparelhos repressivos do Estado *tout court* e seus aparelhos ideológicos, constata que a diferença entre eles é que o primeiro faz uso da força, enquanto os últimos funcionam através da ideologia: Alain (1952),[9] escrevendo aproximadamente na mesma época de Gramsci, alertava para a necessidade de se compreender as relações (ações e reações) entre o poder governante e as massas governadas, constituindo a resistência dos governados a única via de se limitar a tendência ilimitada de extensão do poder até às raias do arbítrio.

1.3 O fato político: afinal, que vem a ser?

É possível entendê-lo, como o deseja Debrun (1959), de um ângulo meramente "formal", despojado de um sentido intrínseco e desvinculado de qualquer concepção filosófica ou ideológica? Ele mesmo responde: "a política não começa verdadeiramente senão quando tal ou qual dessas categorias (profissionais) é levada a assumir, consciente ou inconscientemente, uma atitude de reação em relação a sua situação, ação e pensamento imediatos" (Debrun, 1959).[10]

---

8. ALTHUSSER, Louis. *Posições — 2. Aparelhos ideológicos de Estado.* Trad. Manoel Barros da Motta, Maria Laura Viveiros de Castro e Rita Lima. Rio de Janeiro: Graal, 1980. p. 6-12.

9. ALAIN. *Politique.* Paris: PUF, 1952. p. 86.

10. DEBRUN, Michel. *O fato político.* FGV, 1962. p. 7-8, 30.

Como ciência, seguindo o pensamento de Morin (1965), ela é a infratextura das infraestruturas; como *práxis*, ela representa o ápice do esquema da representatividade política apresentado por Jaguaribe (1962). Para o autor, "o que torna possível a representatividade política é a articulação vertical dos interesses setoriais com as formulações políticas direcionais. Os setores de classes, dotados de interesses correspondentes às suas atividades e posição social, suscitam a formação, num nível que supera os interesses de pessoas e grupos, de associações e sindicatos, para exprimir, em tese, apenas os interesses do setor, em conjunto. Dessas associações partem aspirações e interesses de caráter genérico, que conduzem, em nível mais alto, à formação de agências de racionalização de tais interesses genéricos, como são os clubes políticos e os jornais. Essas agências de racionalização de interesses criam ideologias e formulam programas políticos representativos dos interesses e das aspirações genéricas que manifestam os sindicatos e as associações. Na cúpula desse sistema, os partidos políticos, aspirando ao poder, procuram atrair para si e se conformar com as aspirações ideológicas e programáticas formuladas por jornais, clubes políticos etc."[11]

Como nem todos os setores da sociedade civil têm a mesma possibilidade de pressionar no sentido de que seus interesses sejam legitimados e viabilizados, resulta, pois, o problema de se examinar o comportamento político que abrigasse a maior parcela de tais interesses, sem suprimir ou fechar o espaço para os interesses diversos ou mesmo divergentes.

11. JAGUARIBE, Helio. *Desenvolvimento econômico e desenvolvimento político*. Rio de Janeiro: Fundo de Cultura, 1962. p. 193.

1.4 O fato político: como se manifesta?

Morin (1965) encontra duas expressões: a de uma política radical, visando a revolucionar o mundo e as outras políticas que visam a ordenar, a equilibrar, a dirigir.

Mannheim (1961)[12] vislumbra três vetores: entre o liberalismo selvagem e a planificação totalitária abre espaço para uma democracia militante. Não importa o autor citado, não importa o adjetivo utilizado: o que importa é, a nosso ver, não perder o que de substantivo o termo encerra, para que nenhuma manobra semântica possa nos afastar do essencial.

Um ideário democrático, entendemos, encerra algumas negações e implica algumas afirmações. A democracia não pode conviver com a intimidação e a covardia, com os pequenos terrores, os grandes tabus e os silêncios constrangidos da alma; com a irresponsabilidade ou a bravata, a traição e a conjuração; com as verdades dogmáticas e as meias-verdades; a ambivalência e o oportunismo; com o maniqueísmo radical ou com o radical esvaziamento semântico das palavras, usadas não para comunicar, mas para enganar, iludir, dopar... (Morin, 1965).

Democracia, afirmativamente, exige mais do que uma Simples liberdade retórica de se ter de morrer de fome, sem que se tenha onde cair morto. Democracia é, para nós, a *igualdade, para todos*, de acesso aos bens criados pela civilização moderna. O acesso a uma boa escola em todos os níveis; à criação cultural, sem minimizar o popular pelo erudito; à

12. MANNHEIM, Karl. *Diagnóstico de nosso tempo*. Trad. Otávio Alves Velho. Rio de Janeiro: Zahar, 1961. p. 5-12.

criação científica, sem a coerção dos padrões estrangeiros e estranhos à nossa realidade. O acesso ao trabalho, direito dignificante da condição humana de produzir e assim poder aspirar a uma contrapartida monetária que garanta a satisfação das necessidades básicas de alimentação, habitação, saúde e lazer. O acesso à justiça, igualmente distribuída, purificada dos privilégios e compadrios. O acesso à segurança enquanto indivíduo, sem que a omissão ou os excessos do Estado inviabilizem a soma dos direitos civis e políticos, internacionalmente aceitos pela tímida iniciativa de se reunir a humanidade para além das fronteiras nacionais. Garantia de sobrevivência da cultura passada, possibilidade de prosseguimento da cultura em devir.

Se é relativamente fácil relacionar os valores que, em tese, parece, não chegam a abalar o consenso, outra é a situação na prática, quando a divergência é até os conflitos de interesses impedem a correlação de forças entre classes que, em se percebendo diferentes, contudo podem promover alianças e convergências, sem se fundirem numa fictícia sociedade sem classes. Morin e Jaguaribe, entre outros, demonstram que o pacto político se torna tanto mais difícil quanto maior o grau de subdesenvolvimento da estrutura econômico-social. Para Morin, contudo, o subdesenvolvimento não é a causa da exploração. Diz ele:

> "Importa investigar por que raridade e subdesenvolvimento provocaram a exploração, e não a solidariedade? Por que as formas alienantes, dominantes, quase sempre prevaleceram sobre as formas cooperativas, libertárias, igualitárias de organização social, que seriam respostas lógicas, racionais, não tanto para a riqueza, mas muito mais para a indigência." Ensina Gramsci (1975): "uma classe é dominante de dois mo-

> dos, pois é 'dirigente' e é 'dominante'. É dirigente em relação às classes aliadas, é dominante em relação às classes adversárias. Nesse sentido, (...) uma classe antes mesmo de chegar ao poder pode (e deve) ser dirigente: quando está no poder se torna dominante, mas continua a ser também 'dirigente'."

O pano de fundo político faz, pois, o balizamento da margem de elasticidade dentro da qual se consubstanciam os valores, sejam democráticos ou não. Dado que o fato político interage com as demais manifestações da sociedade global, principalmente, com o tipo de administração que configurará o político, com seu *output*, impõe-se, pela lógica, o exame do quadro de referência administrativo que decorre e reforça, a seu turno, a realidade política.

2. O quadro de referência burocrático

Longe de nós o holocausto de Weber: há burocracias e burocracias. E assim como Morin e Mannheim pensam ultrapassar a dialética de polaridade, que simplesmente divide a sociedade em duas classes antagônicas: a dos dominantes e a dos dominados, James Burnham julga que o sistema no futuro será o gerencialismo, substitutivo tanto do capitalismo como do socialismo. O capitalismo se esboroaria por sua incapacidade de resolver os magnos problemas de desemprego, depressão e outros; o socialismo se esvaziaria pelo divórcio entre os burocratas e administradores do Partido, nessas alturas porta-voz, nem sempre legitimado, da classe operária e ela própria, que tenderia a se transformar em classe média. Os *gerentes* seriam, assim, a nova classe dirigente e dominante. Os valores do planejamento, da ordem e da disciplina e a propriedade estatal dos meios de produção esteariam a burocratização da sociedade. Burnham escreveu em 1941. Desde lá nem o capitalismo esboroou, nem o socialismo se esvaziou, mas sem dúvida as sociedades se tornaram cada vez mais burocratizadas: tanto num sistema, quanto no outro. Num certo sentido, independente de ser ou não juridicamente democrática a sociedade em questão.

Que vem a ser, pois, a burocracia? É preciso entendê-la num duplo sentido: como *tipo-ideal*, dentro do contexto de seu idealizador, como forma de garantir maior eficiência às organizações modernas; como *práxis*, intensificando mais ou menos suas vantagens ou desvantagens, de acordo com o pano de fundo político em que se inserem. Analisemos, inicialmente, suas características teóricas. Para Weber seriam:

1. uma organização contínua de funções limitadas por regras;
2. uma esfera específica de competência para cada função;
3. funções organizadas dentro de uma hierarquia claramente definida;
4. regras ou normas específicas regulando a conduta dentro de cada função;
5. separação completa do funcionário em relação à propriedade dos meios de produção ou administração;
6. a função como trabalho primário e principal do funcionário;
7. atos, decisões e regras administrativas, escritos e registrados;
8. relações contratuais livres para cada função;

9. seleção e indicação de candidatos na base das qualificações técnicas, com um sistema de promoção de acordo com a realização e antiguidade.[13]

Seus princípios são, basicamente, a *racionalidade*, a minuciosa divisão das tarefas, a especialização funcional, a delimitação rígida da hierarquia, a centralização e a imanência de um *status*, que garante a autoridade no nível intraorganizacional, como promove o prestígio social no nível interorganizacional. O modelo burocrático, inspirado nas ideias de Max Weber, se insere na abordagem estruturalista da administração. Contudo, é preciso lembrar que para Weber a burocracia não era apenas um tipo de sistema social, mas sobretudo um tipo de *poder*. A administração burocrática, principalmente com as disfuncionalidades posteriormente denunciadas por Merton (1968),[14] se constituiria no suporte de política autoritária.

A ligação entre o fato político e o fato administrativo é feita por Weber, considerando três tipos de sociedade: a tradicional, a carismática e a legal; às quais corresponderiam, então, três tipos de autoridade, evidenciadas ou por uma obediência habitual e adaptativa (autoridade tradicional); ou por uma obediência votada à dedicação pessoal (autoridade carismática); ou por uma obediência motivada pelo cálculo da conveniência individual (autoridade legal, racional ou

---

13. A parte de nosso estudo diretamente vinculada à análise da burocracia baseou-se, principalmente, em CHIAVENATO, Idalberto. *Teoria Geral da Administração*. São Paulo: McGraw-Hill do Brasil, 1979. 609 p., 2 v. Ver parte seis: Abordagem estruturalista da administração. Cap. 13, p. 7-54.

14. MERTON, Robert K. Estrutura burocrática e personalidade. In: *Sociologia da Burocracia*. Rio de Janeiro: Zahar, 1966, p. 96-110.

burocrática). O poder perpassaria a administração, na medida em que a classe dirigente tivesse probabilidade de *impor* sua própria vontade dentro de uma relação social mesmo contra qualquer resistência e qualquer que fosse o fundamento dessa probabilidade.

A dominação, enquanto travestida de impessoalidade, supõe um mínimo de legitimação, onde as regras do jogo são aceitas tanto pelo dominador, quanto pelo dominado; por outro lado, o aparato administrativo é a outra face do caráter de impessoalidade, com que se minimiza a realidade brutal da dominação.

Em seus aspectos positivos a burocracia compreende a legitimação, a aceitação das leis que premiariam o mérito e que seriam a fonte última de obediência, tanto para dirigentes, quanto para dirigidos. A justiça da lei é o sustentáculo de tal legitimação. A superioridade do governante é percebida como resultado de procedimentos legais e, portanto, justa.

Em suma, a burocracia é legal, racional e impessoal, hierárquica, estável, meritocrática, especializada, autônoma, profissional e previsível. Assim sendo, suas vantagens seriam: a racionalidade, a rapidez nas decisões, univocidade de interpretação, uniformidade de procedimentos, continuidade da organização, redução da fricção entre as pessoas, constância, subordinação dos mais novos aos mais antigos, confiabilidade, benefícios pessoais percebidos e desejados como tais.

Para Weber, mais que uma forma de organização, a burocracia é um modo de agir e de pensar que permeia toda a vida social, que implica em uma visão racional e científica do mundo, rejeitadas a religião e a metafísica, que só não cai num puro positivismo, porque o próprio Weber suscita uma espécie de dialética evolutiva entre liderança carismática e burocrática, a primeira carreando as inovações e a segunda conduzindo à rotinização: criatividade e espontaneísmo *versus* racionalismo e impessoalismo.

Daí é um passo, para se evidenciarem os dilemas da burocracia. Ela não está preparada para os imperativos ambientais, que tensionam em termos de pressões externas em constantes mutações; nem tampouco para o imperativo tecnológico que leva a mudança para dentro da organização, alterando incessantemente as técnicas produtivas, obrigando a uma plasticidade que ela não tem a oferecer. Os regulamentos, os especialistas, os cargos burocráticos, os procedimentos controladores, a centralização pressionam os indivíduos no interior da organização. Não há dúvida de que, mesmo num sistema burocrático, certos chefes podem proceder não burocraticamente e, assim, ajudar a manter uma relativa ligação emocional dos participantes, preservando, embora, a racionalidade que é da natureza da organização.

No nível macrossocial, a origem da organização burocrática é a própria divisão da sociedade em classes, na luta dessas classes, na existência de uma ordem, ainda que seja a ordem da classe dominante, que apenas visa à manutenção do *status quo*. Ficam incorporadas, assim, na organização ou no sistema de disfunções que são próprias da sociedade. Merton (1957) denuncia as principais: a previsibilidade do comportamento racional esbarra na intervenção da ação humana e de seus componentes emocionais e irracionais; a despersonalização do relacionamento acarreta a supervalorização das normas e o uso da categorização como técnica do processo decisório; a rigidez no comportamento, o exagerado apego aos regulamentos desembocam no formalismo, na autodefesa contra inovações externas, na superconformidade, contraponto dos sinais exteriores de autoridade que visam a intimidar qualquer resistência.

A partir do revisionamento feito por Merton em relação ao modelo burocrático, algumas colocações, segundo nosso entendimento, devem ser feitas:

1. as pressões ambientais pressionam no sentido de flexibilizar a organização, ainda que estruturada de maneira burocrática;
2. certos autores procuraram recolocar o exame do modelo burocrático, pela tentativa de eliminar as disfunções por ele produzidas, mas partindo do pressuposto de que na sociedade moderna é praticamente impossível a total eliminação da burocracia como forma de organização;
3. na tentativa de eliminação das disfunções, Selznick[15] propõe que a organização burocrática se torne adaptativa, considerando a estrutura informal nas atitudes individuais ou de subgrupos, de sorte a ressaltar os aspectos relevantes do comportamento organizacional, tanto sob a ótica da estrutura, quanto sob o enfoque do funcionamento.
4. as tensões e dilemas da organização levarão em conta as restrições ambientais e as limitações das alternativas de comportamento, através dos dois principais mecanismos de que a organização lança mão para manter sua estabilidade: a ideologia e a cooptação.
5. se algum grau de burocratização parece inevitável nas modernas organizações, o problema passa a ser

15. SELZNICK, Philip. Cooptação: um mecanismo para a estabilidade organizacional. In: *Sociologia da Burocracia*. Rio de Janeiro: Zahar, 1966, p. 84-90.

> então determinar qual o grau ótimo de burocratização necessário e suportável, do duplo ponto de vista: o do indivíduo, assim, três tipos de comportamento burocrático: o fingido (normas impostas de fora, cuja violação dá *status* aos infratores); o representativo (normas impostas por técnicos, cuja capacidade é aceita pelo trabalhador: o prestígio advém da alta produtividade);[16] o punitivo (normas impostas por pressões, coações, em que a autoridade e o comando são realçados e a infração punida com severidade).

Apesar de tais esforços, as críticas ao modelo burocrático permanecem vivas, quer do ponto de vista estritamente administrativo, quer do ângulo sócio-político-cultural. Nosso interesse central é examinar as consequências de um sistema educacional burocraticamente estruturado em face de um ideal de educação, que se deseja represente a possibilidade de um autodesenvolvimento permanente do indivíduo na fruição mais rica e completa de sua condição humana.

Colocaremos, então, algumas indagações: como pode um sistema baseado na rotina ensejar a criação de indivíduos dotados de iniciativa e espírito crítico? Como pode um sistema que tende a se fechar sobre si mesmo, apegando-se aos rituais que ele próprio cria, abrir um espaço para a inovação, para a incerteza que acompanha as mutações ambientais e tecnológicas, como adverte a abordagem contingencial da teoria de sistemas?[17] Como pode um sistema fundamentado

---

16. GOULDNER, Alvin W. Conflitos na teoria de Weber. In: ______. *Sociologia da burocracia*. Rio de Janeiro: Zahar, 1966. p. 54-61.

17. CARDOSO, Heloisa et al. As relações do profissional da administração da educação com o poder, a abordagem contingencial e a formação do administrador

na divisão técnica do trabalho e na especialização formar um homem integral, cuja missão "especializada" seria, como adverte Ortega y Gasset,[18] precisamente a de construir a sua totalidade? Como aceitar a unidade de comando e a centralização da tomada de decisões em face do imperativo pedagógico do desenvolvimento das responsabilidades, o que subentende a descentralização da decisão até ao próprio aluno? Como conciliar a uniformidade de práticas institucionalizadas com o preceito educacional do atendimento às diferenças individuais? Enfim, como conviver com um tipo de poder autoritário, quando se luta por uma sociedade democrática, que exige espíritos livres, não conformados, no estilo em que José Ingenieros[19] conclamava, em 1925, a juventude latino-americana?

3. A tarefa pedagógica: o reapropriar-se de um sentido libertário

3.1 O confronto entre o pano de fundo político, o quadro de referência burocrático e a tarefa pedagógica que se impõe

O problema se postula na medida em que se aceita como pressuposto um pano de fundo autoritário e um sistema educacional burocrático, que às vezes é do tipo punitivo. As

---

da educação. In: SIMPÓSIO DE PROFISSIONAIS DA ADMINISTRAÇÃO DA EDUCAÇÃO, 11., realizado em Natal de 25 a 30 de julho de 1982. Rio de Janeiro, SUAM, 22 p.

18. ORTEGA Y GASSET, José. *A missão da universidade*. 3. ed. Madrid: Revista de Occidente, 1960.

19. INGENIEROS, José. *As forças morais*. Salvador: Progresso, 1956. 175 p.

consequências da conjugação do autoritarismo com a burocratização se traduzem na *reificação* da pessoa — como diria Marcuse:[20] "Esta é a forma pura de servidão: existir como um instrumento, como uma coisa"; na *alienação*, resultante da divisão entre os dirigentes que pensam, planejam e organizam, e os dirigidos que apenas executam e assim "não falam em seu nome, não têm o domínio de seu próprio destino, não são incluídos no processo de decisão, mas são falados pelos dirigentes".[21] Além da reificação e da alienação, a *competitividade* e a *fragmentação* da personalidade contribuem para um quadro em que a *rotinização* das atividades ossifica a iniciativa, lembrando a advertência de Sartre:[22] (...) "nosso passado se acha de certo modo coagulado, inerte, irremediável como uma obra que nos é proibido retocar; podemos segui-lo sem hesitar." O passo seguinte é corolário imediato: a obediência cega, a falta de espírito crítico, a acomodação passiva, que submetem o indivíduo, quando ele não é assaltado pela angústia de uma consciência que percebe o mundo desprovido de razão de ser, quando a falta de um objetivo acaba por identificar a pessoa ao nível das coisas que a cercam, despojando-as de um sentido e lançando-as na má-fé das pseudojustificações, tal qual o "herói" Roquentin, no romance filosófico de Jean Paul Sartre.[23] Afora a má-fé, o desespero ou a guarda da tensão e da inquietude que constituem o preço a pagar para conquista da liberdade.

---

20. MARCUSE, Herbert. *Ideologia da sociedade industrial*. Trad. Giasone Babuá, Rio de Janeiro: Zahar, 1967. p. 49.

21. MOTTA, Fernando C. Prestes. *O que é a burocracia?* São Paulo: Brasiliense, 1981. p. 73.

22. GARAUDY, Roger. *Perspectivas do homem*. Trad. Reinaldo Alves Avila. Rio de Janeiro: Civilização Brasileira, 1965. p. 65.

23. Idem, ibidem. p. 60.

A par do autoritarismo e da burocratização da sociedade moderna, ainda conspiram contra a humanização do Homem a sofisticação das técnicas sociais de modulação e manipulação do comportamento, denunciadas por vários autores de tendências bem diferentes como Mannheim e Marcuse, por exemplo. Mais uma vez se estabelece a dominação em piores condições, pois que disfarçadas pelo consumismo e democracia de massa, que representa um nivelamento daqueles que não têm opções a fazer, porque também não têm direitos a reclamar, já que, principalmente nos países subdesenvolvidos, nem as necessidades básicas de alimentação, habitação e vestuário são atendidas. A cultura, ensina Gusdorf,[24] é a necessidade que subjaz às necessidades já satisfeitas.

3.2 Os valores de uma educação para a humanização do Homem

O sentido desta humanização não é, obviamente, antropológico. Mas concerne àquilo que define o ser humano e o distancia dos outros animais, enquanto ser de cultura, enquanto fonte de valores. Naquilo, sobretudo, em que o distingue eticamente. Costumamos ouvir indagações que revelam a perplexidade diante do que deseja a sociedade brasileira em relação à educação de seu povo. Afinal, que tipo de Homem se deseja formar? — é a pergunta que inúmeras vezes vemos formulada em encontros como este. É claro que a resposta variará, segundo a filosofia de vida e de Homem que se

24. GUSDORF, Georges. *L'Université en question*. Paris: Payot, 1964. 222 p. Ver citação de Hegel à p. 84.

adote. Contudo, para educadores comprometidos com uma visão humanística do Homem, encarada como tal aquela que, devidamente situada e datada, respeitando portanto o contexto, não iniba o desenvolvimento das potencialidades criadoras do ser, algo se pode dizer que se aproxime de um consenso.

Queremos um Homem capaz de se transformar num ser *responsável por* seu próprio destino, a ser realizado mediante um *projeto* que reflita decisões de autodeterminação, ainda que contingencialmente tomadas; queremos um Homem dotado de uma *consciência* que o impulsione à ação — "No começo era a ação"...[25] —, à liberdade, à transcendência; queremos um Homem *integral*, não mutilado, não amputado, pluridimensional, prenhe de uma história real com o sentido que traz consigo e da responsabilidade a respeito do futuro que ele cria;[26] queremos um Homem *livre*, capaz de, desdobrando-se à frente de si mesmo, ter o poder de se autoantecipar, segundo a fórmula existencialista de Lequier:" "Fazer e, fazendo, fazer-se, e não ser mais do que o que se faz"; queremos um Homem que *ame* a vida, que a julgue digna de ser vivida, condição que Marcuse de um lado e Morin de outro colocam como alicerce a qualquer teoria sobre o Homem e que traz embutida a possibilidade de amar ao próximo, não como a caridade que com um ato faz esquecer uma vida inteira de indiferença para com o outro, mas com um amor que signifique o aceitar o outro, ouvi-lo, ser com ele solidário, sem violentá-lo, dar aquela relação de ajuda, a que se refere Rogers,

---

25. GOETHE, J. W. *Fausto*. Trad. Antonio F. de Castilho. Rio de Janeiro: Ed. de Ouro, p. 367.

26. GARAUDY, Rogers. Op. cit. p. 60.

em seu *Tornar-se pessoa*.[27] Queremos um Homem capaz de fazer *opções* e de fazê-las com padrões de *prioridades*, que represente o predomínio da razão sobre os instintos ou sentidos aos quais é preciso emprestar um sentido ou significação, cuja transcendência só a razão pode dar. Queremos um Homem capaz de dizer *não* a tudo aquilo que o afaste de seu projeto de autorrealização, que lhe marque a autonomia, a independência de caráter, a intenção de sua consciência. Queremos um Homem capaz de *determinar* o sentido de seu lazer e o sentido de suas palavras, que seja *realmente* capaz de comunicar-se com seu parceiro no tempo livre e no tempo obrigatório do trabalho e que, em ambos, seja autêntico e tenha estrutura emocional para aceitar a autenticidade do outro. Queremos um Homem, enfim, capaz de ser dotado da *força moral* a que se referia José lngenieros,[28] capaz de lutar até às raias da rebeldia contra as "mentiras vitais", contra os hábitos e preconceitos, capaz da sadia subversão de uma ordem que se distanciou da grandeza que existe potencialmente no ser humano, tal como o fizeram a seu tempo Cristo, Sócrates, Giordano Bruno e outros que pagaram com a vida, em holocausto, a causa de ajudar a Humanidade a ajudar-se a si própria.

3.3 O tipo de educação para a humanização do Homem

Ora, educar o Homem, conduzir para fora, como indica a etimologia da palavra, um potencial que justifique uma existência, é toda uma tarefa pedagógica a ser desempenha-

---

27. ROGERS, Carl R. *Tornar-se pessoa*. Trad. Manuel José do Carmo Ferreira. Santos: Martins Fontes. 1961. 342 p.

28. INGENIEROS, José. Op. cit. p. 64.

da por verdadeiros educadores e não por simples profissionais do magistério, um burocrata entre outros, num plano de classificação de cargos instituído por uma Secretaria ou por um Ministério, como órgão da administração pública. Não é à toa que muitos se têm indagado quem vem educando o educador brasileiro e como vem ele sendo educado. Não é à toa que o curso de Pedagogia vem sendo posto em questão, sendo de consenso que a formação do *educador* deve ter prevalência em relação à do especialista, cuja existência é até contestada por alguns. Não é à toa que se vem fazendo contundentes críticas, em todo o Brasil, à maneira fragmentada, tecnicista, alienada com que se vem formando o professor, para não falar da desvalorização dos antigos cursos normais, que se transformaram em mais um curso profissionalizante de baixos custos e, portanto, de baixa produtividade e ínfimo prestígio social, na escala referente às ocupações profissionais do mercado de trabalho. Como alguém pode dar o que não tem? como formar o caráter ou ajudar a fazê-lo se "a normalista" e até a jovem estudante de Pedagogia ingressam no curso ainda em plena crise de adolescência, muitas das vezes como simples trampolim para carreiras de maior atratividade social, mas para a qual não conseguiram a almejada vaga no vestibular correspondente?

Não queremos fazer do professor o bode expiatório da crise em que segue debatendo a educação nacional, pois, antes de tudo, ele próprio é vítima de um sistema que, parece, só muito recentemente vem valorizando a educação além um pouco da retórica dos discursos oficiais, na esperança de alguma ação concreta para vencer um diagnóstico melancólico e que se torna tão mais preocupante por se repetir há mais de 50 anos, de que temos notícias. Apenas alguns indicadores: a retenção na 1ª série do 1º grau, a evasão, a falta de professores habilitados, no interior do país, a obediência ou a programas oficiais, ou a livros-texto, além dos quais a capacidade de alguns professores não consegue ultrapassar, o descompasso entre certas posturas sofisticadas e uma realidade que, no confronto, é violentada por sua própria existência.

Não queremos ser pessimistas, pois não ignoramos que muitos esforços, alguns coroados de êxito, se vêm desenvolvendo no sentido de alterar as tendências apresentadas. Há educadores preocupados em apagar da escola a imagem de um lugar que se frequenta por obrigação para aprender coisas despidas de significância, de relevância em face dos duros problemas a enfrentar no cotidiano de nossas vidas, principalmente quando se defronta com a realidade das comunidades impropriamente ditas carentes, porque por vezes são as mais ricas desse tipo de Homem que esboçamos linhas atrás, como nosso ideal de educador. Concordamos com pensadores, ocidentais ou orientais, como Dewey e Krishnamurti, que, em primeiríssimo lugar, a finalidade da educação seria a de ensinar a enfrentar adequadamente a vida, o *que se deve* pensar, mas como pensar, a fim de resolver cada uma das situações-problemas que se nos apresentam como desafio à inteligência. Como lembra o mestre oriental: "Ninguém possui um jardim ideal ou uma escola ideal; tem-se de preparar o solo, tratá-lo tal como é, adubá-lo convenientemente, irrigá-lo e criar então alguma coisa, do nada. Como nada existe ainda, tendes de criar, de construir juntos."[29]

Ora, esse *construir juntos* implica profunda modificação no sentido de se fazer a educação tal como até agora ela vem

29. KRISHNAMURTI, J. *Educação*. Trad. Hugo Veloso. Rio de Janeiro: Instituição Cultural Krishnamurti, 1960. p. 11.

sendo realizada. Este *construir juntos* significa que a grande unidade a ser considerada é a *escola* e sua rede, sendo o sistema apenas o meio para que as atividades e fins se cumpram no *locus* privilegiado de sua realidade: a escola inserida na comunidade. *Construir juntos* supõe um planejamento participativo, no qual direção, orientadores, professores, pais e alunos dialoguem sobre os problemas comuns, sobre as angústias compartilhadas, sobre as soluções mais adequadas. Construir juntos quer dizer uma outra visão das relações diretor-professor, professor-aluno, professor-pai/mãe; pai-filho etc., porque sobretudo revela uma mudança qualitativa no relacionamento humano em que se tenta vencer a célebre relação de dominação hegeliana do senhor-escravo, do superior-inferior. Construir juntos revela o postulado democrático, vivenciado no plano interpessoal, do respeito ao outro, como sujeito, como ser humano, dotado de razão e inteligência, de consciência e valor moral. Construir juntos é sobrepor à postura egoísta e individualizante a realidade de um nós, de uma comunhão, que no sentido etimológico do termo é verdadeiramente *religiosa*, pois que *religare* é a referência de cada um ao todo, é a unidade da parte, convergindo para o outro, ainda que lhe respeitando a diferença e até mesmo a divergência. *Construir juntos* é a recuperação do sentido da cooperação/solidariedade, do partilhar e não o confinar do saber, mesmo porque não se pode mais pensar na dualidade de quem sabe em relação a quem não sabe. Há apenas saberes diferentes, experiências diversas e muitas vezes quem tem muitos saberes é o mais pobre de sabedoria, daquela que se identifica com a arte de viver retamente, justamente, belamente.

Assim sendo, colocado o *sistema* como meio e não como fim em si, qual o espaço que existe para questões tais como as de formulação de uma política de educação, de percepção de mudanças ambientais e tecnológicas que devem ser absorvidas pelas menores e mais distantes escolas da rede; de atuações que levem a organização ao atingimento de seus fins, que respondam, enfim, pela responsabilidade pública que o Estado deve assumir como dever em face do direito inalienável do indivíduo à fruição dos bens da cultura e da educação? De tudo o que dissemos, julgamos que o problema não é acabar com a burocracia *tout-court*, nem suprimir aqueles que pelo mérito tiverem assumido posições de organização e planejamento. Supomos, sim, é que precisamos rever as estratégias de ação que ligam as cúpulas às bases do sistema, democráticas, em face dos pressupostos anteriormente apresentados. Supomos, sim, é que o tipo de divisão do trabalho escolar, tal como se vem realizando, na maioria das vezes, é que deve ser repensado para que professores e especialistas, pais e professores, professores e alunos, diretores e professores não se percebam como inimigos numa arena de lutas, mas se sintam como companheiros de um mesmo ideal.

4. O problema prático: proposta de *nova estratégia* na divisão do trabalho escolar

4.1. Três vertentes da Supervisão Educacional e sua atitude em face da divisão do trabalho escolar

Em outra ocasião,[30] tivemos oportunidade de surpreender três vertentes para o conceito de *supervisão*, cuja atuação

---

30. CARDOSO, Heloísa. *A ética do supervisor*. In: SEMINÁRIO ESTADUAL DE SUPERVISÃO EDUCACIONAL, 1., 1981. 18 p. E. (Mimeo.)

no momento desejamos focalizar em face a valores democráticos ou autocráticos. Dizíamos, então, que a primeira, a mais antiga e tradicional, era a identificada com as funções de inspeção, com atribuições de fiscalização e padronização das rotinas escolares às normas oficiais emanadas das autoridades centrais. Nesse sentido, a vertente mais essencialmente burocrática, controladora, no exercício da centralização de um Estado que, formalmente, de cima para baixo, estipulava as regras do jogo, sem que os comparsas tivessem outro papel senão o de obedecer sob o risco de não ter suas atividades consagradas pelo ritual da equiparação.

A segunda vertente surgiu aproximadamente a partir da década de 1950 e se ampliou com a Lei das Diretrizes e Bases da Educação Nacional. Sua origem coincide com a maior complexidade das funções não docentes, paulatinamente sendo exercidas por elementos de maior qualificação que, retirados da escola, ou em seu interior, passaram a ter a função de orientação pedagógica dos professores mais jovens, na busca de um desempenho mais eficiente. Na medida em que começaram a integrar setores do sistema voltados para orientação, controle, supervisão e fiscalização e/ou inspeção do processo educacional, firmava-se a divisão do trabalho escolar, em que um grupo de professores pensa, organiza e planeja e outro grupo executa, quase nunca havendo retorno de informações dos da base para os da cúpula.

A terceira vertente, de inspiração norte-americana, é introduzida no Brasil pelo Programa de Aperfeiçoamento do Magistério Primário, através da supervisão do INEP. Visava-se, então, à melhoria do desempenho e ao treinamento dos professores primários, o que era realizado a partir do nível central do sistema de educação.

O que importa aqui, como o fizemos então, é assinalar que cada uma dessas vertentes entranha uma filosofia de trabalho que difere em sua escala básica de valores e encara diferentemente os parceiros envolvidos no jogo do sistema. Daí decorrem "éticas", "políticas" e "estratégias" que são necessariamente diferentes na relação supervisor-diretor, supervisor-professor, supervisor-escola, supervisor-sistema.

A estratégia do inspetor é basicamente autoritária: ele é a "autoridade do sistema", o "fiscal do governo" e encarna o poder de dominação inerente ao aparato administrativo do Estado. Sua "ética" é condicionada pela visão de subordinação em relação à autoridade do sistema por ele exercida oficialmente. Em fases em que o grau de instrução do professor é medíocre, a figura do inspetor se constitui no cerne de sua segurança, calcada num dirigismo altamente organizado de sua rotina, de sorte que lhe basta seguir o roteiro oficial minucioso e rígido ou os livros didaticamente aceitos, sendo os alunos submetidos a exames externos difíceis e, ele próprio, o professor submetido à autoridade do inspetor, cuja função era, assim, a de fiscalizar o grau maior ou menor de desvio da *práxis* pedagógica em relação aos padrões oficiais estabelecidos por departamentos centrais das secretarias, delegacias ou ministérios da educação. Para esta tarefa de simplesmente comparar o grau de mimetismo entre a realidade e os padrões e normas, não se exige, à época, do inspetor, que seja nem mesmo um professor, bastando-lhe possuir prestígio pessoal e conhecimento com pessoas importantes e autoridades constituídas. Ariston e Porto,[31] assim, resumem a su-

31. ARISTON, E.; PORTO, T. M. E. *Manual de supervisão educacional para o ensino superior. Uma abordagem sistêmica*. Porto Alegre: Sagra, 1979. p. 29.

pervisão tradicional, típica: "faz inspeção, é centrada no docente, utiliza poucas técnicas, como visitas corretivas e conferências, não é planejada, é impositiva e dominante, tem caráter unitário". Com o pressuposto de sua posição funcional superior, dentro da lógica da burocracia punitiva, o inspetor modela a relação dominação-subordinação dos estamentos superiores em relação aos inferiores da escala ocupacional. Comentávamos, então, que valia a pena meditar sobre a reflexão crítica de Corrêa da Silva[32] sobre o conceito de supervisão que, para a autora, cimentando a função política de controle em prol das classes dominantes, contribuiria para manter o professor alienado e isolado, sem a visão total e abrangente do papel social que lhe cabe. O autoritarismo se consubstancia em que ao fixar os objetivos do grupo, essa estratégia visa a atender interesses pessoais, a vontade é imposta, a autoridade respaldada na capacidade de compelir à obediência — estrutura de dominação: *poder*; a disciplina concebida como um mero nexo de comando e obediência, valendo-se, predominantemente da coação e apenas excepcionalmente da persuasão; o interesse pelos resultados é posto acima do bem-estar dos indivíduos e, nas relações usuais entre servidores e senhor, aqueles são comandados, manipulados, manobrados, enfim.

No modelo burocrático punitivo, o controle da educação, eivado do princípio básico da desconfiança e inferioridade, se traduz, na rede pública, pela centralização das decisões em níveis de órgãos superiores, pouco espaço ficando para a escola imprimir qualquer característica ou peculiaridade própria a um processo que se torna assim uniforme, padro-

32. CORRÊA DA SILVA, Naura S. F. *Supervisão educacional. Nova reflexão crítica.* Petrópolis: Vozes, 1981. p. 34.

nizado, injustamente o mesmo, desrespeitoso das diferenças individuais, de grupos de classe cada vez mais diversificadas que postulam pela educação de boa qualidade como direito sagrado e inalienável. Na rede particular, a relação dominação-subordinação assume outras nuances, sem deixar, contudo, muitas vezes o Estado, por meio de seus grupos de controle, de configurar a incoerência entre a liberdade outorgada constitucionalmente à iniciativa particular de ministrar o ensino em todos os graus e o vezo de encará-la em princípio e *a priori* como não digna de confiança e não merecedora do crédito das autoridades públicas.

A segunda vertente, a da orientação pedagógica, principalmente atuante no interior da escola, se iniciou como um processo em que alguns professores eram afastados da docência, por sua maior experiência e sensibilidade para com os aspectos técnicos-pedagógicos do processo de ensino-aprendizagem e assim passavam a integrar o *staff* da direção da escola, para introduzir inovações, modernizar os métodos de ensino e promover um acompanhamento mais atento do currículo pleno do estabelecimento. Dentro deste enfoque formam-se os primeiros supervisores escolares, com a reformulação do curso de Pedagogia, a partir da doutrina firmada pelo Parecer n. 252/69. Dentro deste contexto, o supervisor se alinha e não elimina a figura do inspetor que é mantida pelo Conselho Federal de Educação e, sendo dessa forma seus papéis, funções e modos concretos de atuação diferentes, no duplo sentido: no de conviver com a figura do inspetor e no de atuar em nível micro ou macrossistêmico.

Finalmente, a terceira vertente se impregna do tecnicismo típico dos anos setenta, em que sob outra capa, talvez, com a bandeira da eficiência, da produtividade e da relação *custo-benefício* tão grata aos economistas da educação, se revive a antiga relação de subordinação, só que, dessa vez, distinguindo os planejadores e controladores do sistema, os técnicos, mais propriamente os tecnocratas, que se arvoram em donos da verdade, daqueles que, de fato, vivem os problemas educacionais, na base da unidade escolar, inserida mais ou menos harmonicamente à comunidade local, com as dificuldades típicas de todos nós conhecidas.

Lembrávamos, também, que se o supervisor pertence ao corpo de orientação pedagógica e atua no âmbito da unidade escolar, sua lealdade maior deve ser para com o diretor do estabelecimento de ensino, do qual faz parte, prestando assessoria e se responsabilizando pela melhoria do desempenho didático-pedagógico dos professores. Dele se exigirão conhecimentos técnicos sobre currículos, planejamento de ensino, técnicas e estratégias de ensino-aprendizagem, recursos audiovisuais, medidas e avaliação da aprendizagem etc. E um elemento intermediário entre o diretor e os professores e sua atuação se divide entre a lealdade que deve ao primeiro e a maior ou menor habilidade que terá no trato com os segundos. Dependendo da escola em que desenvolva sua atuação, o supervisor pode, tanto quanto o professor, estar isolado em seu microcosmo, que também limita suas possibilidades de crescimento e o envolvendo com o grupo de professores, às vezes, durante anos, acarreta irreversíveis mudanças no *rapport* com os colegas, em que os contatos passam a ser primários, em que a comunicação aumenta a intimidade, redundando daí maiores dificuldades para se obter resultados objetivos em termos de produtividade e eficiência, conforme os padrões clássicos do capitalismo. Dentro desta ótica, portanto, o supervisor maior da escola é o diretor, que subordina o supervisor escolar e conforma a atuação do corpo docente à sua filosofia educacional.

Se, ao contrário, o supervisor é oriundo do antigo corpo de Inspetores e atua no âmbito do sistema sobre o da unidade escolar, sua relação, tanto com o diretor como com o corpo docente, se altera substancialmente. Sua perspectiva, em primeiro lugar, deve ser a de encarar a escola globalmente, para avaliá-la, detectar-lhe os desvios e apontar-lhe os cursos de ação devidamente reorientados. Também ele, como o inspetor propriamente dito, representa a *autoridade do sistema,* cujos contatos com a escola são esporádicos, ainda que periódicos, e, nesse sentido, é ele quem subordina, teoricamente, pelo menos, o diretor e, indiretamente, o corpo docente. Aqui, um primeiro problema delicado: sua lealdade já não pode ser exercida de forma pessoal, para com o superior hierárquico ao qual se subordina. Em primeiro lugar, porque não pertence propriamente a um *staff,* a um *grupo* de alguém que nele confia e lhe solicita assessoramento. Na medida em que as funções passam a corresponder a cargos estáveis, desaparece o vínculo pessoal e a atuação do supervisor deverá decorrer muito mais em função da internalização dos valores por ele efetuada ao curso de sua própria vida, do que em função de estrita lealdade pessoal ou partidária, já que os cargos, também, não são de confiança. Sendo o elemento que interpreta as normas e os valores, ele próprio deverá tê-los sempre presentes, para que não suceda a indesejável necessidade de se estabelecer quem controla os que controlam e se determinar o controle do controle do controle...

Se, como lembra Bloom,[33] no nível mais alto do *continuum* afetivo, o "controle interior produz a resposta apropriada,

---

33. BLOOM B. et al. *Taxionomia de objetivos educacionais — domínio afetivo.* Porto Alegre: Globo, 1972. p. 29.

mesmo na ausência de uma autoridade externa. Na verdade em níveis ainda mais altos, estas respostas são produzidas consistentemente, a despeito de obstáculos e barreiras"; por esta, entre outras razões, acreditamos que é um certo simplismo falar-se no "aparelho administrativo da burocracia estatal" como um bloco monolítico de pessoas que estivesse, igualmente, a serviço da classe dominante para ajudar a explorar os dominados e dirigidos. O pano de fundo político aqui também nos dá algumas pistas de interpretação. Se o Estado é, autoritário de partido único, estamos em face de uma administração totalitária em que os postos de comando são alcançados em grande parte em função da lealdade, mais que ao Estado ou à Nação, ao Partido e ao Governo, voltando-se até ao tipo de lealdade pessoal já que não há propriamente alternância no poder, nem pluralismo de correntes partidárias com que se identificar. Contudo, se o Estado não é monolítico, mesmo no seio de uma organização burocrática nada impede que dirigentes ou supervisores adotem estratégias de trabalho democráticas, participativas, ainda que seja como iniciativa e estilo próprios de ser. O pano de fundo político é importante, contudo, porque impulsiona numa direção ou noutra, fazendo ultrapassar de mero âmbito individual para uma práxis pedagógica generalizada os valores do ideário político que distingue uma forma da outra.

Outro complicador em nossa análise diz respeito ao fato de que, quando falamos em valores democráticos e planejamento participativo, longe de nós a ideia da administração *laissez-Paire*, que em nome de uma pseudodemocracia dá ensejo a todo tipo de descumprimento do dever, de indisciplina, de anarquismo. Muito pelo contrário, consideramos que a democracia, mais do que qualquer outro regime político, é aquele que apela para o acatamento das leis, para a aceitação da justiça como intrinsecamente válida, para a noção de responsabilidade como indissociável da liberdade, que antes de ser uma dádiva é uma dura conquista, tanto para indivíduos como para nações. Assim, se ao Estado democrático cabe velar pelos interesses dos indivíduos, ao lado de ser controlador e repressivo — porque é preciso controlar e reprimir a ação daqueles que distorcem os objetivos sadios da sociedade e, no caso da educação, por exemplo, a transformam em simples comércio para ganhos pessoais e ilícitos — deve o supervisor guardar, na função de representante do sistema, uma certa distância dos eventos quotidianos da escola por várias razões: primeiro, para respeitar a autoridade do diretor da escola, a quem deve prestar apoio, orientação, ou controlar, conforme o caso, sem, contudo, substituí-lo em suas funções. Em segundo lugar, porque é preciso não confundir democracia com ingenuidade e a ação sobre certos indivíduos deverá ser firme para que se possa de fato preservar o bem comum, objetivo essencial do Estado democrático. Nesse sentido, a justiça, deve ser igualmente distribuída, livre dos conchavos e dos compadrios, como colocamos logo no início de nossa exposição.

Por todas estas razões achamos que a função de supervisão só deveria ser exercida por pessoas emocionalmente maduras, não se entendendo que alguém sem experiência administrativa, um recém-egresso do curso de Pedagogia, possa assumir a responsabilidade de avaliar uma instituição, detectar desvios de padrões indesejáveis, reorientar ações administrativas ou técnico-pedagógicas, se sua palavra não vier eivada da força moral que só a experiência e a vivência conferem. Enfim, não entendemos como se possa ser inspetor ou supervisor educacional em nível macrossistêmico se, em primeiro lugar, não se for ou não se tiver tido uma experiência administrativa.[34]

Assim, antes de ser um *expert* em leis, decretos, portarias, pareceres, deliberações, resoluções etc. etc., o que se deseja de um supervisor que utilize uma estratégia democrática de trabalho é a habilidade e a sensibilidade políticas, que emergirão de sua capacidade de liderança e comunicação, da percepção que tenha de si e do outro, do autoconceito, enfim, do atendimento às suas necessidades individuais e do clima emocional do grupo, que surge em decorrência.

A estratégia democrática, segundo Estelita Campos,[35] suporia a fiação dos objetivos do grupo, tendo em vista a causa comum; a cooperação voluntária e a simpatia dos subordinados; uma disciplina alicerçada na solidariedade de propósitos; a persuasão, no lugar da coação; a preocupação simultânea com a obtenção dos resultados e com o processo de atingi-los; a preocupação com o bem-estar, quer da instituição, quer dos subordinados, encarados como seres humanos que pensam e sentem. Desta forma, o supervisor dirige, estimula, numa palavra, educa, porque, antes de tudo e de mais nada, é isso que ele deve ser: *um educador*.

Se isto é verdade, a estratégia democrática da *práxis* supervisora exige que o supervisor se relacione com o diretor, o professor ou com o aluno, numa situação dialogal em que

---

34. CARDOSO, Heloisa. *O curso de pedagogia em crise de consistência*. Palestra proferida em mesa-redonda no Encontro comemorativo dos XX anos da Associação Nacional de Profissionais da Administração da Educação — ANPAE, realizado na USP, em 7 de julho de 1981, Brasília. Boletim n. 3, p. 2-5. jul/set. 1981.

35. ESTELITA CAMPOS, W. *Chefia. Sua técnica, Seus problemas*. Rio de Janeiro. FGV. 1964.

ouça e *seja ouvido*. Quando dizemos que ele ouça, subentendemos sua capacidade de perscrutar o que está além da aparência das coisas, sua capacidade de sintonizar com a realidade que se lhe apresenta à frente, como um desafio, sua possibilidade de perceber o outro, sem contudo ser envolvido ou enredado. E, assim, o supervisor deve ser ouvido, pois há de ter o que dizer, no sentido da orientação, da ajuda, da assistência que dele é esperada. Como educador, o supervisor terá que ser autêntico, sabendo comunicar sua autenticidade e estando pronto para encontrar-se com a autenticidade dos outros. Autenticidade, para nós, significa superar seu desejo de agradar e ser reconhecido pelo outro, quando entram em jogos os valores maiores de honestidade, justiça, equilíbrio e bom senso. Autenticidade, para nós, entretanto, não deve implicar em prepotência ou em relacionamento interpessoal arestoso e de trato difícil. Como educador, o supervisor deve estar preparado para desenvolver a liberdade para os outros, recebendo e dando amor, desencadeando em si a capacidade de apreciar os outros, dando valor à comunicação e aos relacionamentos interpessoais, em suma, respeitando a pessoa humana que aí está à sua frente, seja um diretor vaidoso e intempestivo, seja um aluno humilde e timorato.

A estratégia democrática contribuiria, assim, para uma ação e *práxis* supervisoras libertadoras e não castradoras das potencialidades dos indivíduos em todos os níveis de atuação, que, para além do tecnicismo, enseja a crítica e a criação, a reflexão e a ação nos limites e no alcance de cada um.

Dentro deste enfoque, a supervisão democrática deve cuidar do aperfeiçoamento profissional de todos os envolvidos no sistema educacional; sem descurar da fiscalização, quando necessária, deve inovar as técnicas didáticas, onde e quando oportuno, deve centrar-se em análises e estudos, que clarifiquem objetivos que, através de técnicas diversas, envolvendo recursos humanos e materiais, planeje e se estruture de forma democrática e cooperativa, representando opções de caráter coletivo e não *coopções* dirigidas e sem alternativas.

Do ponto de vista psicológico, a internalização de valores a que nos referimos encontra ponto de apoio, referencial de fonte à ação e de inspiração às decisões no próprio processo educativo, que estrutura a filosofia de vida e a visão de mundo que lastreia toda ética individual.

Do ponto de vista profissional, é preciso ousar e inovar: experimentar novas estratégias e tentar opções diferentes, que conjuguem na prática os princípios democráticos que estamos defendendo. Moulin e Lima[36] relatam uma vivência de supervisão integrada e participativa, que vem ocorrendo no Centro de Educação e Cultura de Niterói, no Estado do Rio de janeiro. Nós próprios estamos gerenciando um Projeto, no âmbito de ensino de 3º grau, de uma Faculdade ligada ao nosso sistema de ensino, em que vimos de implantar um tipo de supervisão em equipe e integrada a todos os segmentos da Faculdade — da direção ao Diretório Acadêmico.

Do ponto de vista político, o pluralismo, o dissenso, o bem comum, a solidariedade exigem a estrutura de um Estado cuja destinação maior seja a de prestar serviço e, em servindo, facilitar a autorrealização de seu público e de seus servidores. Para isto, é preciso que as pessoas estejam imbuí-

---

36. MOULIN, Neli; LIMA, Elma Corrêa. Uma alternativa para a dinâmica de Supervisão educacional: ação supervisora integrada. *Cadernos Cedes*: Supervisão educacional: novos caminhos. São Paulo: Cortez, n. 7, p. 32-40.

das do ideal de servir e não de se apropriarem de uma situação para colocarem-na a serviço de seus interesses pessoais. É preciso que as pessoas ultrapassem o estreito campo de visão meramente individual e consigam autonomia de voo para descortinarem a *supervisão*, que só a liberdade de quem se pôs ao largo da corrente dos interesses mesquinhos pode ter e pode dar. É preciso que o supervisor abandone qualquer pretensão de superioridade e veja no próximo um ser humano, para dele se aproximar numa atitude liberal, de abertura e diálogo. Mesmo do ponto de vista político, a estratégia democrática supõe que se diga *não* às práticas que, no âmbito de Estado, contradigam os anseios lídimas e profundos da Nação, que deve se afirmar como consciência histórica, como sujeito de um destino coletivo.

Terminávamos nosso outro discurso, reafirmando nossa não aceitação de uma ótica de simplicidade e míope que identifica o supervisor, simplesmente, com o aparelho estatal de controle e como aquele que impõe padrões e normas constituídas, mas destituídas de significância. Se controle há de ser exercido, dizíamos, é o da qualidade da educação, o que se constitui em dever inadiável em face do direito da criança e do jovem brasileiro de se instrumentarem, através da educação, para a vida adulta e responsável. Se compromisso há de ser assumido é em resposta aos reclamos de sua consciência de educador, atuante e participante, em prol de uma sociedade mais justa na distribuição dos bens culturais, mais livre na determinação de seu destino, mais humana na qualidade de vida que oferece e enseja.

Prática e supervisão

Ou (como diriam os cantadores do Nordeste) A interminável luta da fada eficiência contra a bruxa burocrática

Celestino Alves da Silva Junior

A eficiência é uma fada que um dia vai tomar conta da educação brasileira. O problema é que ninguém sabe onde a varinha da fada se escondeu. E fada sem varinha, evidentemente, não faz mágica. Pior ainda: fada que perde a varinha perde o encanto.

Enquanto a eficiência não se manifesta, a supervisão padece. E o supervisor, seu agente, se angustia:

> "Minha expectativa como Supervisora era a de poder contribuir para a melhoria do Ensino. No entanto, 35 dias após minha posse e exercício na função, trabalhei, corri, constatei que não estou preparada para driblar a burocracia toda que cerca a escola e não consegui fazer quase nada pelo Ensino. Nem uma reunião com os professores! Aluno, então, nem cheguei perto!"

Quem assim se manifesta em depoimento ao "Jornal dos Professores"[1] é Maria Lúcia Pinheiro, um dos 671 novos supervisores escolares nomeados através de concurso público pela Secretaria de Educação de São Paulo. De onde advém o desalento de Maria Lúcia?

Certamente não decorre da inexperiência nem da falta de motivação. Ela mesma declara no início de seu depoimento:

> "Muito contente por ter conseguido escolher a 6ª Delegacia de Ensino, tomei posse numa segunda-feira, dia 27 de julho de 1981.
>
> Com a melhor das intenções, disposta a desenvolver um bom trabalho, fui 'com tudo', galhardamente, assumir meu novo cargo.
>
> Em dia com as mais modernas teorias de Supervisão, Sergiovanni e Loyde na ponta da língua, na cabeça e no coração meus vinte e nove e meio anos de experiência em diferentes cargos da carreira do magistério (...)"

"Mais feliz ainda fiquei pela agradável acolhida da Vera, nossa Delegada, e por encontrar um grupo homogêneo de Supervisores, bastante amigáveis, eficientes e otimistas". Daí suas constatações iniciais: 1ª, "Vou fazer parte de um grupo bom. (Que sorte!)"; 2ª, "Aqui se cultivam as relações humanas no trabalho, como pede a Supervisão Esclarecida (o que é vital para se conseguir uma ação cooperativa)".

Mas as felizes constatações de Maria Lúcia terminaram por aí. Logo em seguida ela iria se defrontar "com a avalanche de publicações, algumas delas alterando ou invalidando outras anteriores. É um mundo de decretos, pareceres, deliberações, portarias, resoluções, comunicados, atos, instruções... que não têm fim..." Começando a se sentir insegura,

Maria Lúcia chegou à sua terceira constatação: "Existe uma inconsistência legal. O dinamismo da legislação do ensino torna-se instrumento desequilibrador. (Vai ser muito difícil 'pedagogizar' a legislação!)". Desde então começaram as agruras, as frustrações e os suspiros da nossa heroína:

"A inexistência de compatibilização entre os órgãos centrais (COGSP, CEI, CENP, DRHU, DAE) está tornando impossível a realização de um trabalho integrado à nível de D.E. e escola."

"Que bom se existisse um manual contendo o ABC do suporte da ação supervisora!"

"Que maravilha se os órgãos centrais falassem a mesma linguagem, estabelecendo prioridades de tarefas e respeitando limitações de tempo e de pessoal para atendimento às múltiplas solicitações!"

Quando Maria Lúcia começa a descrever suas tarefas torna-se possível perceber claramente o caos teórico-político-institucional que atravessa o mundo da Supervisão. Atribuição de aulas excedentes, inscrição de professores I, II e III para as ditas aulas excedentes, inscrição para concurso de remoção de professores e dos próprios supervisores, projetos de recuperação de material permanente, processo de abertura e instalação de escolas particulares, atendimento às classes de Educação Especial, Supletivo e Pré-Escola, participação na campanha "Identifique-se com seu Exército", homologação de plano escolar, análise de Regimento, autorização de cursos, contratos de trabalho, imposto sindical, aumento de semestralidade, registro em carteira, autorização de professores para lecionar determinadas disciplinas, transferência e adaptação de alunos, equivalência de estudos, verificação de débitos com o INAMSP etc. etc. constituem hoje o seu universo de trabalho. Novas constatações se impõem: "O Supervisor, às vezes, desempenha o papel de menino de recado"; "O Supervisor, às vezes, desempenha o papel de revisor"; "Existe um distanciamento muito grande entre as atribuições legais do Grupo de Supervisão Pedagógica e a exequibilidade de tais atribuições na prática". Quase ao final, a desilusão: "É impossível servir a tantos senhores ao mesmo tempo!"

Trinta e cinco dias bastaram, como se vê, para que uma nova supervisora se desencantasse com seu trabalho, mas não a fizeram recuar de seu propósito inicial: já que o "pedagógico não emerge naturalmente no exercício rotineiro da Supervisão", "é preciso suscitá-lo quase à força". Maria Lúcia sente que "a Supervisão está mais voltada para a eficiência do Sistema de Ensino do que para a *eficiência da escola como agente de Ensino*". Recuperar o ensino para a Supervisão é, pois, o seu problema. Como consegui-lo é a nossa discussão.

■

Segundo nos contam os mais recentes analistas da educação brasileira, a fada eficiência tem uma prima-irmã, a santa guerreira competência, permanentemente em luta contra seu dragão da maldade particular, o velho conformismo. Iluminaremos um pouco nossa discussão se conseguirmos visualizar quem se pretende eficiente, de quem se exige competência e a quem se pode acusar justamente de conformismo. Se a burocracia for mesmo a grande adversária será necessário que eficiência e competência, ao pretender superá-la, se orientem pela sua grande estrela-guia, a consciência política, que vai lhes mostrar, entre outras coisas, as fontes de alimentos da bruxa burocrática. Talvez aí se descubra também com quantas vassouras se faz uma bruxa.

Se perguntarmos aos supervisores quem são os incompetentes, provavelmente a maioria nos dirá que são os professores. Em troca, nos dirão quase que certamente os professores que, a seu ver, os supervisores não costumam primar pela eficiência. Os analistas nos dirão que somos todos conformistas/conformados e ouvirão de volta (ou deveriam ouvir) que é muito fácil exercer o inconformismo no refúgio da Universidade. Isto posto, extravasadas as hostilidades e acionadas as explicações imediatas, estaremos nos colocando em condições de refletir e de avançar um pouco na procura do significado real dos nossos sistemas de supervisão escolar.

A primeira questão que me parece necessário examinar é a da comovente, mas, por isso mesmo, preocupante ingenuidade que perpassa depoimentos como o que estamos considerando. Imaginar-se teoricamente instrumentada pelo conhecimento "na ponta da língua" de Sergiovanni indica que nossa supervisora, assim como muitos de seus colegas paulistas, ainda estão vinculados acriticamente a uma particular concepção de ciência, aquela ciência "oficial", cuja marca seria o verificacionismo e a garantia, a neutralidade. Nem poderia ser de outra forma. Nilda Alves[2] já apontou a preponderância do "modelismo" como tema de preocupação entre os supervisores. Para agências oficiais, como são as Secretarias de Educação, nada melhor do que uma ciência "oficial". Daí a profusão de "modelos" e outras formas assemelhadas de proposição da função supervisora. Uma vez que tudo estaria assegurado no ponto de partida dada a "cientificidade" subjacente aos "modelos", a perplexidade do supervisor acaba por se tornar um componente previsível e obrigatório no processo de implantação de sistemas de supervisão. Quem poderia ser responsabilizado pela criação/manutenção desse estado de coisas? Se é verdade que a postura ingênuo-autoritária da qual decorre a proliferação de "modelos" reflete as limitações da consciência filosófica de seus autores, não é menos verdade que os supostos centros privilegiados de produção do conhecimento que são as Universidades pouco têm ajudado no trabalho de evidenciar o caráter político inerente à supervisão escolar. Desconsiderado o sentido político da função supervisora, desconsidera-se também o compromisso com a recuperação do sentido educativo do processo de escolarização.

Diz, no entanto, nossa supervisora que esse sentido educativo (o "pedagógico", nas suas palavras) deve ser suscitado quase à força, já que não emerge naturalmente do exercício rotineiro da supervisão. Como atendê-la?

Um exercício mínimo de evocação e contextuação talvez nos seja útil neste momento. Quando surgiram, os "modelos" refletiam, assim como muitos outros documentos de sua mesma época, a ausência de um debate amplo e aberto sobre as questões educacionais tal como, felizmente, começa-se a observar hoje, de uma forma cada vez mais frequente e produtiva, Ilhados e despreocupados em seus postos e tarefas, os autores de "modelos" trataram de dar vazão às suas próprias convicções e referências sem, talvez, cogitar de que para além do aparentemente correto e esclarecedor poderia haver aquele "processo de concretização que procede do todo para as partes e das partes para o todo, dos fenômenos para a essência e da essência para os fenômenos, da totalidade para as contradições e das contradições para a totalidade..."[3] de que nos fala Kosik, autor certamente pouco familiar aos olhos e aos ouvidos oficiais. A despreocupação com a ausência de um debate amplo e aberto acerca das questões educacionais se insere, por sua vez, num quadro mais amplo de discussão que perpassa a questão da preparação dos componentes dos chamados "órgãos de apoio técnico" e desemboca na questão técnico-política do recrutamento de pessoal para a composição desses órgãos. Burocratizados e "tecnicizados" como se encontram, os órgãos do aparelho de estado encarregados de fazer fluir um processo de supervisão desejável e necessário para a expansão qualitativa e quantitativa do sistema escolar esbarram, como todos os seus congêneres, na pretensão de discernir o sentido de seu trabalho apenas a partir do que a literatura "técnico-científica" disponível pode oferecer. Essa literatura "técnico-científica" já é hoje conhecida de todos nós: "De um lado, uma vasta literatura de administração geral e empresarial na qual se pinçam os elementos supostamente análogos aos da situação de trabalho nas escolas e, de outro, um material especialmente produzido, mas datado e circunscrito por sua origem americana".[4]

Limitada em suas origens, a busca da cientificidade pretendida vai se revelar, ao final, como uma renúncia. A renúncia à perspectiva de se elaborar o sentido da função supervisora a partir de uma "reflexão rigorosa, radical e de conjunto sobre a realidade educacional".[5] Essa renúncia tem também um fundamento "oficial". As agências oficiais (nelas incluídas Secretarias de Educação e Universidades) percorrem ainda uma filosofia "oficial", segundo a qual nem todo homem é um filósofo. Estribados num senso comum que parece impossibilitado de elaborar seu núcleo válido, tais organismos só muito recentemente começaram a emitir sinais de que poderiam vir a abrir mão de sua lógica fechada, procurando e intensificando contatos com um pensamento progressista, no sentido estrito do termo. Evidentemente, seria precipitado afirmar que desses contatos poderá emergir proximamente um projeto educacional mais ajustado às necessidades do conjunto da população. Há que se percorrer um longo caminho até que "cada cidadão possa se tornar governante e que a sociedade o coloque, ainda que abstratamente, nas condições gerais de poder fazê-lo". De momento o que me vejo obrigado a registrar é que a concepção restritiva de ciência que sustenta os "modelos" e que é por eles difundida acaba por corroborar a visão da necessidade de separação entre o pensar e o fazer, concorrendo, pois, contraditoriamente, para a discriminação na apropriação do saber.

O supervisor de que estamos necessitados é aquele capaz de estabelecer a relação entre a filosofia superior e o senso comum, entre o pensamento dos especialistas e o de todos os homens. É, enfim, aquele supervisor cuja figura possa ser percebida pelas massas docentes como a referência para a concretização do seu projeto educacional. Para que um tal projeto se elabore e se aperfeiçoe é necessário e possível fazer da supervisão um fórum permanente de debate e avaliação do sentido do projeto educacional que se desenvolve. Uma vez que disposição de trabalho e capacidade crítica são condições perfeitamente evidenciáveis entre professores e supervisores, o que nos falta, realmente, é revestir as relações entre docentes e especialistas do conteúdo sociopolítico que decorrerá de uma visão integrada do processo educativo. A inevitabilidade da divisão interna do trabalho escolar não é, necessariamente, uma fantasia autoritária a ameaçar permanentemente nossos corações e nossas mentes. É antes um dado de realidade a possibilitar o teste de nossa alardeada competência.

"Inchações" burocráticas e outros males da chamada "gerência científica" são questões a serem enfrentadas no interior dos sistemas escolares e também nas Universidades. Nestas, é preciso começar pelo reexame de algumas questões teóricas fundamentais que estão na base do processo alienador que envolve a formação de supervisores escolares. Naqueles, é indispensável superar a crença desarmada nos "modelos" e nos "módulos" e alimentar a discussão aberta entre supervisores e entre supervisores e professores. Por aí se poderá chegar ao supervisor que emerge do conjunto dos professores; o supervisor intelectual organizador de seus pares, aquele supervisor que orienta e coordena a elaboração do projeto educacional de toda uma coletividade.

■

Podemos agora voltar à nossa fada Eficiência. O lugar em que sua varinha mágica se perdeu chama-se Confronto. Embora o nome assuste, posso assegurar que se trata de local saudável e revigorante já que possibilita o exercício da crítica e a superação de antagonismos. Quanto à varinha, chama-se Discussão e reina absoluta na região. Por isso mesmo, lá não sobra espaço para o Velho Conformismo que, para tentar sobreviver, refugiou-se na casa de sua comadre Negociação Inconsequente. Parece que estão se dando bem. Resta ver quem se dispõe a visitá-los.

Referências bibliográficas

1. CENTRO DO PROFESSORADO PAULISTA, *Jornal dos Professores*. São Paulo, out. 1981.

2. ALVES, Nilda. A Prática Política do Supervisor Educacional. *Cadernos do Cedes*, São Paulo, Cortez, n. 6, 1982.

3. KOSIK, Karel. *Dialética do concreto*. Rio de Janeiro: Paz e Terra, 1976.

4. SILVA JUNIOR, Celestino Alves. A Supervisão e o Ensino. *Revista da Ande*, São Paulo, Ande, n. 3, 1982.

LEIA TAMBÉM

CRIAR CURRÍCULO NO COTIDIANO

Série Cultura, Memória e Currículo – Volume 1

Nilda Alves (Org.)

3ª edição (2011)
104 páginas
ISBN 978-85-249-0892-7

Os autores decidiram "passar para o papel" as inúmeras "conversas" que tiveram com professoras e professores, por esse Brasil afora. Dessa maneira, criaram personagens-tipo que caracterizam as escolas e as cidades que as contêm.

GRÁFICA PAYM
Tel. [11] 4392-3344
paym@graficapaym.com.br